実話怪談
毒気草

神沼三平太

JN048077

竹書房
怪談
文庫

※本書に登場する人物名は、様々な事情を考慮してすべて仮名にしてあります。また、作中に登場する体験者の記憶と体験当時の世相を鑑み、極力当時の様相を再現するよう心がけています。現代においては若干耳慣れない言葉・表記が登場する場合がありますが、これらは差別・侮蔑を意図する考えに基づくものではありません。

まえがき

実話怪談ジャンキーの方なら、「実害の出る本」って、ちょっと憧れませんか。読むだけで、もしくは所有するだけでも怪異が起きる本。命を吸い、周囲の人々を不幸にする、そんな毒々しい本。日々そんな本を渇望しているんじゃないですか。対価のことも考えずに。

神沼三平太です。御無沙汰しております。又は初めまして。今回の本もタチの悪い話を揃えました。ただ今回は、皆様に例年以上に覚悟を決めてから読んでいただきたいと思います。なぜなら、「毒入り饅頭」が含まれているようなのです。

今回の原稿の執筆中、著者自身、体調を大きく崩し、話を寄せてくださった方々も次々と体調を悪くされ、中には入院までされた方も複数いらっしゃいます。最初は偶然と笑っていたのですが、相談を持ちかけた複数のそっち方面の方から、「祟り」「障り」「霊障」とお叱りを受けました。しかし、どれが毒入りかはもう分かりません。最悪全てが毒饅頭です。だから、読むなら地獄まで付き合っていただきますよってことでお願いします。

全二十六話。何が起きても恨みっこなし。無事でしたら巻末でお目にかかりましょう。

著者

目次

裏山の神様

東北に住む浦戸さんの家は山を所有している。母屋の裏となる北側には、山との間に小さな畑と、山へと分け入るための細い私道が整備されている。整備されているといっても獣道に手を入れた程度のものだ。

その山は近所の子供達の遊び場にもなっているが、危ないから奥のほうには入るなと厳しく言い含めている。熊は見かけないが、猿や鹿、野犬などが巣くっているからだ。

普段、山の奥には家族と親戚しか立ち入らない。山では山菜を摘み、きのこを狩り、果実をもぎ、獣や鳥を罠に掛ける。

浦戸さんの家では、大晦日の夜に限っては、絶対に裏山へ入ってはならないとされていた。裏山に住んでいる神様が、年の終わりにだけは本当の姿になって山の中を徘徊するからだと伝わっている。遭ったら食われるらしい。神様とは思えないような姿だというが、具体的な描写は伝わっていない。

この話は、祖父母をはじめとして、一族全員が信じていた。浦戸さん自身も大晦日の晩に裏山に入ったことはない。

毎年年末が近づくと、祖父の伊蔵さんはこの話を必ず繰り返す。誰も大晦日の夜に雪の積もった裏山になど入らないだろうと、半ば笑い話のようになっている。しかし、祖父は真剣な口調で家族に説き続けた。きっと彼の若い頃に何かあったのだろう。

ある時、浦戸さんは祖父に当時何があったのかを聞き出した。昭和三十年代。伊蔵さんがまだ中学二年生の大晦日の話である。

ラジオから流れる紅白歌合戦もぼちぼち終わろうかというタイミングで、伊蔵さんは初詣に行こうと家を出た。すると神社の参道で、幼なじみの平八と偶然顔を合わせた。

「おう、今年もよろしくなぁ。あ、まだ年明けてないか」

「そろそろじゃないかな。それにしても寒いね」

「ああ、雪も降ってきた」

寒い訳だ。パラパラとした雪が舞い始めていた。その中を除夜の鐘が響いてくる。

「そういえばさ、お前の家の裏山って、大晦日に入っちゃいけないんだっけ」

何処からか噂話を聞きつけたらしい。

「うん。今夜だけは入っちゃいけねぇって、今朝もじいちゃんに言われたよ」

「それ、ちょっと二人で行ってみねぇか」

平八は悪戯っぽく笑った。

伊蔵さんは、それは駄目だと即答した。そんなことをしたら、後で家族からどんな非難を受けるか、分かったものではない。

「なぁ、いいだろ。お前んちの裏山なんだからさ。勝手だって分かってるだろ。俺達も子供の頃に散々遊んだ場所だしさ。そんなに奥まで踏み込む訳じゃないよ。ちょっと季節外れの肝試しみたいなもんだよ。一緒に行こうぜ」

「行かないって。じいちゃんにも父ちゃんにも叱られるからさ、無理だよ」

「ならいいさ。俺だけちょっと行ってくるから。みんなには秘密にしといてくれよ」

平八は初詣をそそくさと済ませて駆けていった。

本気で山に入るつもりなのか。

伊蔵さんは焦った。裏山の神様の話を信じている訳ではなかったが、祖父の口ぶりだけでも、何か危険なことが待っているというのは感じ取れる。

何が起きるか分からないぞ。

伊蔵さんも急いで初詣を済ませると、平八の後を追うようにして家に戻った。

母屋の裏に周って畑を確認すると、薄く積もった雪の上に、山に入る道へ向かう足跡が続いている。きっとこれは平八のものだろう。

――あの大馬鹿野郎。

平八の名を呼ぶために、大きな声を出せば、家族に見つかってしまうだろう。叱られるのは嫌だった。

だが、降り続く雪に指先が凍えて痛くなるほどの間待ち続けても、平八は戻ってこなかった。そろそろ家族も初詣から戻ってこない息子を心配する頃合いだろう。

そういえば、平八は家族に何と説明して家を抜け出してきたのだろう。

伊蔵さんは、恐る恐る祖父に打ち明けることにした。

「さっき、神社で会ったんだけど、平八が勝手にうちの裏山に行くって言ってた。止めたんだけど、まだ戻ってこないんだ」

その報を聞くと、祖父はこめかみに血管を浮き立たせ、烈火のごとき怒りを顕《あら》わにした。

しかしすぐに肩を落とすと、小さな声で平八の家族に申し訳ないと呟いた。

「今から裏山には入れね。陽が出てからでないと、こっちも命を獲られる」

「大晦日に裏山に入るとどうなるの」

「裏山の神様は、本当の姿になってるときは、人ば食う」

陽が出ていない間は、絶対に山には入らない。元日になってからだ。それまでに平八が山から下りてこられれば良いのだが――。

しかし、彼は帰ってこなかった。

夜のうちに、父母が平八の家に行き、事情を説明した。平八の父親が猟銃を持ってやってきた。

夜が明けた。元日の早朝だが、誰も正月の挨拶などしなかった。

「お前も来い」

伊蔵さんは祖父から声を掛けられた。

祖父と伊蔵さん、平八の父親の合計三人で裏山に入ることになった。父母は周囲を捜索するとのことだった。

雪が積もっている山中へと、平八の足跡が続いていく。

『まじいな」

祖父が呟いた。

「この足跡は神様んだ」

祖父が指差した場所には、かんじきを履いた大人の足よりも大きな丸い跡があった。

「神様はカカシみたいに一本足だから。平八は目を付けられてしまったかもしれん」

その言葉に、誰も声を上げることはできなかった。

道に等間隔で残された巨大な足跡を辿っていくと、一際背の高い杉の木に辿り着いた。その脇に葉を落としたオニグルミの樹があった。

巨大な足跡は平八の足跡を踏み荒らすようにして、その裏手に回り込んでいた。

「――血の臭いだ」

冷たく張り詰めた空気の中に、鉄の匂いが混じっている。

「おめぇは見んな」

祖父からそう命じられ、伊蔵さんは頷《うなず》いた。祖父と平八の父親が木の裏に回った。

その直後、平八の父親が腸《はらわた》から絞り出すような叫び声を上げた。

伊蔵さんは山中に響く絶叫を聞いて、やっぱり平八は駄目だったんだと理解した。

平八の父親は、背負ってきたむしろに息子の遺骸を包み、それを胸に抱えて山を下りた。

雪に覆われた斜面を下りながら、彼は祖父に何度も訊ねた。

「平八をやったのは熊じゃないか」

「熊はこの時期いねぇよ」

「そんじゃ、犬じゃないか」

「犬にしてはデカすぎる。犬じゃねぇよ」

「それじゃ、うちの息子を食い殺したのは何だよ」

「――知ってんだろ。山の神様だよ。平八は神様に食われちまったんだよ」


山を下りる間、父親に抱かれた平八の遺骸は、ずいぶんと小さく感じられた。

後で聞くところによると、彼の上半身は、何かとんでもない化け物に一口で食われたかのように失われており、その傷口は重い鉈で乱雑に斬りつけたようにギザギザで、腰から下だけが木に寄りかかる形で残っていたとの話だった。

高いところに置け

当時、幸雄さんと俊行さんは共に三十代。兄弟二人で実家暮らしだった。歳の差は二歳。両親は既に他界している。俊行さんは車で街まで通勤しているが、会社の労働環境は余り良いものではない。実家があることで家賃分が浮く。それで食いつないでいるようなものだ。一方で兄の幸雄さんは、労災で片足を悪くしており、休職中だった。

週末の夜に、幸雄さんは話を聞いてくれと俊行さんの部屋を訪れた。憔悴《しょうすい》した顔をしている。

「信じられないかもしれないけど、ここ暫《しばら》く、毎晩俺の部屋に女が来るんだ」

「へぇ、何てアニメのキャラだよ」

茶化《ちゃか》すと、兄は首を振った。

「違う。天井くらいまで背があって、蛇みたいに細くて白い女だ」

気持ちの悪い話を始めた。一体何を伝えようとしているのかよく理解できない。ただ、普段は見せない挙動不審な様子から、何か戸惑うような目に遭ったのであろうと推測できた。

「この間さ、お前に財布を知らないかと訊いたろ」

まだ半月と経っていない。リハビリがてら徒歩で買い物に出ていたはずの兄が、帰宅するなり自室にこもってしまったことがあった。夜になって、そろそろ夕食にしないかと兄の部屋に声を掛けたところ、惚けたようになった兄がドアから姿を現し、開口一番俺の財布を知らないかと訊ねてきたのだった。

兄が買い物に出たのは、近くのスーパーマーケットに夕飯の材料を求めてのことだった。その買ったものが入った袋も、何処に置いたものやら分からないらしい。

「何処に置いてきたんだよ。財布もそれと一緒にあるんじゃないか」

買ってきたものの中には、牛乳や生もの、冷凍食品もあるはずだ。

「何処やったかなぁ」

「おいおい、まだボケる歳じゃないだろ」

「ガレージかもしれない。探してくるわ」

そう言い置いて部屋を出ていった。しかし結局その晩は荷物も財布も見つからなかったらしく、夕飯は出前を取ることになった。

「ああ。その日のことなんだ。実はな、ちょっと話づらいんだが、聞いてくれるか。その日、実は買い物帰りに寄ったところがあってさ――」

スーパーマーケットからの帰りに、近所の空き家から視線を感じた。

庭にアマチュア無線のアンテナが建っている家だった。

その家のことはぼんやりと把握している。子供の頃から余り人がいつかない家で、何組もの家族が入居したか、数年と経たずに出ていく。ここ数年は家には老人が独りで住んでいたはずだが、引っ越していったらしく、この春から誰も住んでいない。

視線は二階の窓からだった。

――誰か引っ越してきたのだろうか。

そんな話は聞いていない。

何故か確認しなくてはならない――そう思った。

好奇心がなかったとは言えない。しかし他人の家である。もとより侵入するつもりがあった訳ではない。周囲の目もあるだろう。

だが気づいたときには勝手口のドアを開けていた。鍵は掛かっていなかった。そのまま家具も何もないがらんとしたキッチンに上がり込んだ。

靴すら脱いでいない。手には牛乳や野菜、箱入りアイスクリームが入った袋を提げた状態である。

自分は何をやっているのだ。

不法侵入だという自覚もある。誰かに通報されている可能性もある。しかし、あの視線を確認しなくてはならないという思いのほうが強かった。

中途半端に雨戸が閉まっていて、室内は薄暗い。黴《かび》と埃の臭いが鼻をくすぐった。

階段はどちらだろう。足を踏み出して気が付いた。雨戸の閉まった掃き出し窓の窓際に、子供の背ほどの高さのものが二つ並んでいる。最初はまだ片付け終わっていない引っ越しの荷物かとも思ったが、よく見ると石作りのお地蔵さんだった。

背中の毛が逆立った。

――脅《おど》かすなよ。一階はどうでも良いんだ。早く二階に行かなくては。

先ほどの視線の主が気になって仕方がない。

階段の踊り場にも、先程より一回り小さいお地蔵さんが立っていた。そのお地蔵さんの顔や身体には、マイナスドライバーか何かで付けられたかのような傷が彫られていた。

二階の奥の部屋は夕日が差して明るい。廊下にまでオレンジ色の光が漏れている。

開け放しの襖の陰から中を覗くと、部屋の中央には、背の高くて細い女が立っていた。

最初は遠近感が狂っていると思った。顔が天井近くにある。自分が縮んでしまったかのような錯覚を覚えた。

女は今まで見たこともないような端正な美人だった。漆黒で艶やかな頭髪が床までまっすぐ垂れ下がっている。女は全裸だった。

こんなところに何故こんな女がいるのか。視線の主はこの女なのか。混乱した。声も掛けられず、目も離せない。胸、肋骨、腰。全てのパーツが縦に引き伸ばされたように細く、凹凸が少ない。肌の色は夕日のオレンジに染まっていてはっきりとは判別できない。

まるで蛇だと思った。

幸雄さんは普段、女性の裸など目にすることはない。それもあって、上から下まで舐めるように何度も視線を往復させた。すると、自分の意思とは無関係に滾《たぎ》ってくるのが分かった。

女はこちらの視線に気づいているようだった。

欲望のままに見つめる姿が滑稽だったのか、女は胸を隠すと、くすくす笑った。笑い声にはっとして、女の顔に視線を向けた。女の顔は相変わらず天井辺りにあった。目が合ったが、何の感情も読み取れなかった。爬虫類の目だと思った。その目で直感した。

これはこの世のものではない。こんなところに何故こんなものがいるのだろう。

逃げようとしたが、身体が動かない。焦っていると女がすっと間を詰めてきた。紅でも引いたかのような真っ赤な唇が視界を覆った。

記憶はそこで途切れている。

気が付いたときには、自分の部屋のベッドで倒れていた。

弟が夕飯にしないかと呼んでいる声で目が覚めた。

これから車で食事に出掛けるにしろ、免許証は財布に入っている。財布財布。財布は何処だろう。


『――兄貴が不法侵入した家に、変な女がいた、ということでいいかい』

兄は何をやっているというのか。

その家は、昔から余り良くない噂が立っていた。一家心中があったとか、幽霊屋敷だという噂だ。裏を取るような必要もなかったので、噂が真実かどうかは不明である。

だが思い返せば、そこの住人は誰も地元と交わらなかった。ここ五年ほど住んでいたが、いつの間にか引っ越していった老人も、考えてみれば素性が聞こえてこなかった。

「そうなんだ。でも、自分でも理解できないんだ。普段はそんなこと考えもしなかったんだけど。いつの間にか二階にまで上がり込んでいて」

「で、女っていうのは――」

「その女が俺の部屋に出る」

人目もあるから、昼間に堂々と財布を捜しに立ち入るのは憚《はばか》られた。だから人目もない明け方に行くことにした。

あの女は白昼夢の産物なのだろうか。夢なのか現実なのか判断できない。

門柱の表札にはガムテープが貼られていた。住人はいないはずなのだ。

開いたままになっている門から入る。二日連続の不法侵入だ。しかし、財布を置いたままにしているのもまずかろう。免許証がなければ車の運転ができない。あとは途中まで買い物の袋を提げている記憶がある。きっとそれも置きっぱなしだ。

軋《きし》む階段を上がっていくと、女のいた奥の部屋の入り口に、スーパーの買い物袋があった。部屋の中を一瞥したが、女はいなかった。ほっとした。もしまた女がいたらどうしようかと思っていた。袋を覗くと中に財布があった。全身から力が抜けた。もうこの家に用はない。早く帰ろう。

買い物袋の中に入ったままの生ものも冷凍食品もアイスも、どれもこれも台無しになっていた。

そしてその夜から、例の背の高い女が部屋に現れるようになった。

寝ているとくすくすという笑い声が聞こえて目が覚める。目を覚ますと、真っ暗にしているはずなのに部屋の一角が明るい。

視線を向けると、あの細くて背の高い女が立っている。やはり全裸である。

滑らかな肌の様子に、目が離せなかった。

見たこともないような整った顔つきをしている。幸雄さんの理想の顔をした女が、からかうような微笑みを浮かべてこちらを見つめてくる。それが毎晩続いた。

そして一週間ほど前の明け方、何者かにのしかかられる重みで目が覚めた。

目を開けると、女の頭が腹の上に乗っていた。へそから下に女の身体の重みが掛かっているのが分かった。

動けない。

女は欲情でもしているかのように目を潤ませ、顔も上気している。時々細くため息を漏らす。その女の首が、胸、首へとゆっくり上がってくる。

——まるで蛇だ。ああ。これはあの日空き家の二階でも同じことを思った。

女の顔が自分の耳元に横たわった。耳に吐息が掛かる。女の髪の毛が頬をくすぐった。

「ここまできて、これは夢じゃない。もう信じるしかないと思った。そいつは、自分を祀《まつ》るお社《やしろ》が欲しいって繰り返した」

声というよりも、頭の中にイメージのようなものが直接伝わってくる感覚だった。とにかくお社を作れば悪いようにはしない。ただ作るときには、この周囲で一番高い場所に組んでほしい――。

それを繰り返し伝えるために、女は毎晩明け方に布団に入ってきた。交わった肌も肉も冷たかった。


「――その女って、人間じゃないよな」

「うん。今日は言われた通りにしなきゃなって思って、電柱のてっぺんに小さなお社を置いてきた。この周辺で一番高いとこに置かないとダメなんだと。最初はこの家の屋根でもいいかと思ったんだが、高さが足りないらしい」

一体何をしているというのだ。兄の言い分を信じるならば、正体不明の魔物に取り憑かれているようではないか。

「俺にはそういうのって全然素養も知識もないんだけどさ、それって何か妖怪とか、悪魔とか、そういう魔物みたいなものなんじゃないか？　これからどうするんだよ。お祓いをするとか何か考えてるのか」

そう問うと、兄は口籠もった。

「いや、お祓いはしない。正直まだ気持ちが悪いけど、うん。そうだな。あれは凄く気持ちが良いんだ。凄く。――だから俺はもう駄目かもしれない」

「何言ってんだよ」

「ごめんな」

「何を謝ってんだよ」

「いや、よく分からないんだ。でもごめんな」

そう何度も謝ると、彼は話を打ち切って部屋を出ていった。


俊行さんも平日は仕事があるため、幸雄さんのことが気になっていても、監視をする訳にはいかない。

どうも彼は毎日車で何処かに出掛けているようだ。行き先は訊ねていないが、タイヤに泥跳ねが付いているので林道にでも入り込んでいるのだろう。

毎日色々なものを部屋に持ち込んでいるような痕跡もある。ガレージにもゴミ同然の様々なものが、袋に詰められた状態で積み重ねられている。

油にまみれたガラクタ同然な機械類。何枚もの欠けた瓦。小さな杯を幾つも。河原から拾ってきたらしい、数百個もの丸い綺麗な卵形の石。

極め付きは兄の車の後部座席だった。散乱する大量のプラスチック製の白い棒。

最初、俊行さんにはそれが何か理解できなかった。

体温計か何かだろうか。

いや、どうやらそうではない。

眺めているうちに思い至った。妊娠検査薬だった。

それも使用済みのものだ。目に付くもの全てに陽性の印が出ていた。

兄はこんなものを何処から集めてきたのだろう。犯罪でも犯しているのか。

急激に体温が下がっていく。現実感が失われていく。足元の感覚が曖昧《あいまい》なものになる。


兄から最初に相談を受けてから一月ほど経った日曜日のことだ。

俊行さんがパチンコ屋からの帰宅途中のことである。

空の上から自分の名を呼ぶ声が聞こえた。その直後に、自分の目の前に何かが降ってきた。米袋か何かを地面に叩きつけたような音が響いた。

音というよりは、何かの衝撃波のようなものが身体に叩きつけられた——という感覚のほうがより近い。

最初は何が降ってきたか理解できなかった。その瞬間に、意識が身体からすっぽり抜けてしまったようだった。

五秒、いや十秒は経っただろうか。意識がじわじわと回復していく。

その途中で、落ちてきたのが人間だと理解した。何かの事故か。投身自殺か。

俊行って聞こえたよな。血が出てる。あれ、この服は——。

兄貴だ。

慌てて周囲を見回すと、目の前に確かに兄の車が駐まっている。

「——痛い」

間違いない。兄の声だった。

どういうことだ。どうしたというのだ。何処から降ってきた。

痛い痛いと呻《うめ》く兄は、何かを伝えたいようだった。

「車の窓を叩く音がした」

「今救急車呼ぶから。喋るなよ」

「いつもと違って、ギザギザの尖った歯を剥き出しにしてて、凄く怖かったから、お社を壊そうと思って」

携帯電話で救急車を呼んだ。

兄は呻きながら途切れ途切れに言葉を発した。
登っているうちに、追いつかれた。引っぱられて、落ちた。
――あいつ、蛇みたいだった。
救急車のサイレンが近づいてきた。
幸雄さんは救急車に乗せられた。俊行さんも付き添い、病院へと向かった。
しかし、全身を強く打っており、彼は助からなかった。
「出てった」
それが最期の言葉だった。

「気になって、僕も兄貴が落ちた電柱に登ってみたんです。本当にありました。掌に載るほど小さいお社が。でもどうしたら良いのか判断できなかったので、今もそのままのはずです。ああいうのって、電柱を持っている会社が何とかするんでしょうか。白い女については、兄貴が車でいつも出掛けていたので、もしかしたらと思ってナビを確認したんです。そうしたら山の中に一箇所奇妙な登録がありまして。近くまで行ったんですが、やっと車が通れるような林道の先でした。周囲が凄い藪で、その先には入ってません」
彼は兄の部屋でも何度か寝てみたという。しかし幸雄さんが話していた、白い女とやらは現れなかった。

『きっと、兄貴が言っていたように、もう出ていったんでしょう。でも一つだけ気になることがあります」


俊行さんは先日結婚した。

そのときに、独身時代に彼が使っていた部屋を奥さんの個室に、以前幸雄さんが使っていた部屋を彼の書斎にしようと計画を立てた。

兄貴が亡くなってから十年経っている。そろそろいいだろう。

掃除をしようと、その部屋に数年ぶりに入った。何げなくその部屋のクローゼットを開けると、彼も奥さんも息を呑んだ。

中にはお地蔵さんが並んでいた。

どのお地蔵さんも、尖った刃物で抉ったかのような、筋状の傷まみれだった。

「亡くなったときにも確認したはずなんです。そのときには絶対なかったはずなんです。でもこちらについても、どうして良いか見当が付かないので、嫁さんと二人で見なかったことにして、兄貴の部屋は、今は開かずの間になっています」

懐中時計

渡辺さんの祖父は、この話をするのは初めてなんだと前置きして、突然話し始めたという。今となっては、彼がそのタイミングを選んだ理由は定かではない。

彼が子供の頃住んでいた集落では、家の近所に神社があった。

常駐する神職のいない無人の神社で、境内の奥にぽつんと社だけがある。境内はその社に似合わないほど広く、社の奥にも獣道のような細い道が背後の小高い山へと続いていた。

子供にとっては、隠れん坊や鬼ごっこに格好の場所である。

その日も隠れん坊をして遊ぶことになった。集まったのは、年上年下合わせて七、八人はいたはずだ。

「次郎ちゃん、何処に隠れる？　僕はあっちの樹の陰にするけど」

同学年の子に、隠れようと思っていた場所を取られてしまった祖父は、何処に隠れようかと迷った。

迷っていると社が目に入った。神様を粗末にすると罰が当たると、大人からは脅かされていたが、中に入る程度なら神様も怒らないだろう。勝手な言い訳に納得すると、社の扉を開けて忍び込んだ。

百まで数え終わったのだろう。鬼役の子が探し始めた。

もういいかい、もういいよ。

すぐに見つかった子達の歓声が伝わってくる。

社の中は暗かったが、隙間からは明かりが漏れている。鬼に見つからないように、尻を擦りながら奥へと移動した。

金属製のものに手が触れ、床との間でかたりと音がした。驚いて持ち上げると鎖がじゃらりと流れて音を立てた。懐中時計だった。

——時計だ。

耳に当てると、かちかちと音が伝わってきた。

誰かの忘れ物だろうか。まさか神様のものではないだろう。

じいちゃんも同じような時計を持っていたな。これ、もらっていって、自分のものにしちゃおう。

拾い上げて、こっそりとポケットに入れた。

今、隠れん坊はどんな感じかなと、羽目板の隙間から外を窺《うかが》うと、鬼役の子が駆け足で走っている姿で固まっている。

あいつ、何してるんだ。

よく見ると、木の葉が空中で止まっている。時間が止まってしまっているようだった。

祖父は社から扉を開けて、外に這い出した。

世界がセピア色だった。鮮やかだった色が全て変わってしまっている。

「おい――」

鬼役の子に声を掛けても無反応だ。


「こんなところにあったのかぁ」

背後から男の声が聞こえ、飛び上がって振り返ると、燕尾服姿の初老の男性が立っていた。集落の中で見覚えはなかった。ただ、子供にも伝わるほどに威厳に満ちていた。

「それ、この中に落ちていたのかい」

彼は祖父の膨らんだポケットを指差した。

「あ――。ごめんなさい」

怒られるのではないかと怯えながら、おずおずとポケットから時計を取り出し、男性に手渡した。

すると、彼は時計を確認し、困ったような顔をした。

「あー。やっぱり止めてしまったようだねぇ。困ったなぁ」

困った困ったと眉根を寄せる男性を見ながら、祖父はどうしていいか分からなかった。

『んー。どうしようかな』

男性は目を瞑ったままで空を見上げ、暫くうんうん考え込んでいた。

――あのね。このことは誰にも言っちゃいけないよ。実は、坊やを連れていこうと思ったんだけど、流石に見つけてくれた子を連れていくのは、かわいそうだからさ」

――かわいそうだからさ？

『だから、あの子を連れていこうと思って」

彼はその場で固まっている鬼役の子を指差した。

「あの子にしとくから。このことは誰にも話しちゃいけないからね。僕はもう帰るから」

男性は踵《きびす》を返すと、社の中へと姿を消した。

その直後、一度瞬きをすると、もう世界は元通りになっていた。セピアだった風景は色を取り戻し、落ち葉が風に舞った。

駆け抜けようとしていた鬼役の子が、両足で急ブレーキを掛けてこちらを振り返った。

「あれ、いつの間に！　次郎ちゃんみっけ！」

「あれは、社の神様だったと思うんだ」

祖父は言いつけられた通り、今まで半世紀以上、そのことを誰にも漏らさずにきた。

何が自分の身に起きるか分からず、怖かったのだ。

何故なら翌日、鬼をやっていた子が、学校から帰ってこないと、集落中が大騒ぎになったからだ。彼は、近くを流れる川の下流で発見されたが、もう息をしていなかった。

「あの社から出てきたおじさんが、一人連れていくと宣言した通りに、子供が死んでしまったからな。だから今まで言えなかったんだよ」


祖父は、この話をした三日後に亡くなった。朝、なかなか起きてこない祖父に声を掛けようと部屋に行くと、布団の中で冷たくなっていた。

「祖父がこの話をして、本当にすぐ亡くなったので、やっぱり話の中に出てきた男性との約束を破ったことが理由だったのかなって思っています——」

渡辺さんは、「偶然だと思うんですけどね」と言った後で言葉を一度区切った。

「でも、偶然ではないかもしれない。それが嫌なんです」

詳しい子

『小学校の三年生の頃だと思うんですけど――』

変な記憶があるんですと佳代子は顔を曇らせた。

同級生の浩子がある日突然学校に来なくなった。仲良くしていた子だったので心配していると、担任の先生が、浩子さんは病気のために長期療養中で、夏休みが終わる頃まではお休みになるみたいですと説明した。

浩子ちゃん、早く病気が治るといいねと、クラスの友達で手紙を書いたりもした。


確か梅雨が明けた頃だった。

休み時間に友達の優香が佳代子を手招きした。

その友人は、先生にもまだ秘密なんだよと、耳元で囁いた。

浩子が死んじゃったからお葬式に行かなきゃいけないという話だった。

どうして、そんなことを言うのか。悲しくてたまらなかった。涙がぽろぽろと流れた。

その様子を見た優香は、佳代子ちゃんは優しいねと言った。

ちゃんとお別れしないとね。優香はそう慰めてくれた。


その日の放課後のことだった。

いつも友達みんなで遊んでいる公園に、浩子がどうやって死んだのかを、やたらと詳しく語る子がいた。

「浩子ちゃんは、真っ黒になって死んじゃった」

そんなことを真顔で語る。不気味というよりは怖かった。

二人泣き出したところで、優香がその子に抗議した。

何でそんなこと知っているのよと口を尖らせた。

「変なこと言わないでよ！　浩子ちゃんのことは、あたしお母さんから聞いたんだけど、みんなにはまだ秘密だって！」

「だって浩子ちゃんは、悪い子だったから」

えっ何それ。佳代子はそんな理由で人が死んでしまうのかと呆気に取られた。

続けて、その子は優香のことを指差すと大声で叫んだ。

「そんなことを言うお前も、悪い子だ！」

明らかに女児の声ではなかった。野太い男の声。

そして少女はパタパタと公園の植え込みへと走っていき、そのまま消えた。植え込みのすぐ向こうは高い壁になっている。絶対にそちらからは出られない。しかし、女の子は公園からいなくなってしまった。

しかも、後で友達に聞いても、この子供の素性は一切判明しなかった。皆、他の子の友達だと思っていたからだ。

公園でその子を見た友人達の間では、神様の使いか何かだったのか、それとも死神か悪魔かと、未だに噂され続けている。

佳代子さんは帰りがけに目も合わさずに早口で付け加えた。

「浩子のお葬式には結局出られませんでした。彼女のお父さんが運転する車が交通事故を起こして、一家三人即死だったそうです。あと、優香も夏休み明けから学校に来なくなってしまいました。彼女がどうして来なくなったのかは、同級生も親も教えてくれなくて、今でもまるで分かりません」

三千坪の土地

「東京の端っこのね。町田だったか八王子だったか、まぁその辺りだよ。まだ当時はそんなに新しい駅とかもなかったけど、今ならどこかな。とにかく都下の物件だった」

不動産屋を営む敬さんは、そう前置きすると、バブル期にあった話を教えてくれた。

「そこの地権者が、俺の知り合いの不動産屋に話を持ち掛けたんだ。全部合わせて土地が三千坪あるって話でさ。三千坪といえばおよそ東京ドーム一つ分。結構な広さだよ」

話によると、その殆どは農地として登記されているが、地権者の息子は家業を継ぐことは考えていないという。地権者自身も年齢が年齢で、そろそろ農業は引退したいということだった。

「そんな話を聞いたらさ、不動産屋なら手を出したくなるのは当然なんだよ。しかもバブルの真っ只中で日本が狂乱していた頃だよ。右肩上がりに土地の値段が上がった。地上げ屋なんてのがあってね、あとは土地転がし。いい商売になった。息子さんが農家継がないってんで、気が変わらないうちに売っ払っちゃって現金化しようってね。お前も一枚噛まないかって誘われてさ――」

だが、内々にその土地を調査し始めたところ、敬さんもその友人の不動産屋も、今回は手を引くことに決めた。土地の一角に古墳があったからだ。

「古墳はね、俺らみたいなのには嫌われてんだよ。埋蔵文化財包蔵地っていってね。国や自治体に工事の計画を届け出ないといかんし、発掘調査が入ったりすると、計画変更があったり、何年も売れなかったりする。最悪塩漬けだよ。だからそのときは手を引くことに決めたんだ」

しかし、手を引くと決めてからひと月も経たないうちに、その物件を聞いたこともない不動産屋が買ったという噂が走った。この業者は何者だと、敬さんの周りでも話題になった。大手でも地元の業者でもない。しかも早々に工事に入るようだ。古墳のある土地に工事を入れるならば、自治体に報告の義務がある。簡単な話ではない。

どんな業者が噛んでいるのだろう。うまく転がせば大金が入手できたかもしれない物件だ。後の祭りだが未練はある。敬さんはそんな気持ちを抱えながら、その周辺の土地に詳しい地元の土建屋にも、情報を流してもらう手筈を取り付けた。

だが、土地を買った不動産屋のことを調べても、狙ったような情報は得られなかった。更に施工計画書に書かれている土建屋も、近隣では耳にしたことがない社名だった。

「あれさ、ヤクザのフロント企業じゃないかね。敬さんさ、悪いこと言わないから、下手に関わるのは止めたほうがいいぜ」

確かにその可能性は高そうだった。

しかし、彼の好奇心は止まなかった。近隣を通りがかる度に車を駐め、工事の様子を確認するのが習慣になった。

観察を続けていると、色々と常識外れなことがまかり通っている。

通常ならば発掘調査が入るため、工事の許可自体が出ないはずが、二週間足らずで工事が始まった。そのことを仲間内に報告すると皆が驚いた。驚くと同時に、きな臭いものを感じ取る者も多かった。

とばっちりがあるといけない。何かアヤを付けられても損だよと、繰り返し忠告があったが、敬さんは工事を最後まで見届けるつもりだった。

だが、今から思い返すと、何故そんなにも自分に得のない工事に興味を持ってしまったのかは、本人にも不明だという。

工事が始まって一カ月ほど経った。

その頃から、土地の一角を占める果樹園を整地するために重機が投入された。二十本から三十本の果樹を切り倒し、根の部分はワイヤーを巻いて、パワーショベルで引き抜くという作業である。作業担当者はどうやら一人らしく、黙々と仕事を続けている。

その日も、敬さんは自分の仕事そっちのけで、その工事を見に行った。こうなると社長が遊んでいると文句が出ても、言い訳も立たない。実際、自分の会社のものでもない土地に固執していると、社員からの評判は悪い。

だが、気にかかってしまうのだ。工事を見届けねばという気持ちもある。

高台の公園から工事現場を見下ろしていると、顔なじみの老人から声を掛けられた。

「敬さん、あんたも飽きないねぇ。自分の土地でもないのに、毎日通ってるのさ」

「俺はさ、あの古墳がどうなるか、行く末が気になって眠れねぇんだよ」

言い逃れのような物言いだが、夢の中にまで古墳が出てくるのは事実だった。

その答えを聞いて、何故か老人は神妙な顔をした。

老人と世間話を交わしていると、土地を売った地権者が、先日息子とともに都心のマンションに引っ越したと聞かされた。

そうか、墓守りが逃げ出したのか——。

そんな考えを弄んでいると、老人は続けた。

「敬さんさ、何人かが言ってるんだけどさ、あの土地から真っ黒い霧が噴き出しているってのは信じるかい」

「真っ黒な霧だって」

普段ならオカルトは信じない質だが、この物件に関しては、何か信じてもいいような気がしていた。

「ああ、信じるよ。また何かあったら教えてくれ」


「勾玉が出たそうだよ」

翌週、敬さんが現場を見にいくと、また公園で例の老人と会った。

古墳から副葬品が出たらしい。

言わんこっちゃない。これで工事が一カ月はストップするはずだ。発掘調査の負担金もあるだろう。

敬さんの言葉に、老人は首を振った。

「発掘された勾玉を、現場の作業員が持ち帰ったみたいだよ」

話によれば、何かが発掘されたとのことで、現場が一時騒然とした。

材質が翡翠《ひすい》か瑪瑙《めのう》かは不明だが、どうやらそれを発掘した作業員が車の中に持ち込んだところで、近所の主婦が見とがめたらしい。

元々、この主婦も工事のことをきな臭く思っていた一人だという。

発掘された文化財をどうするのか、現場を保全しなくて良いのかと食って掛かったところ、作業員はニヤニヤと薄ら笑いを浮かべた。現場監督も見て見ぬ振りをしている。

「俺らはね、給料安いから、これ売らないと生活できないんだよ」

彼は主婦に向かって、馬鹿にしたような口調でそう告げたという。


老人からそんな苛立ちを覚えるような話を聞かされていると、眼下で作業に当たっていたパワーショベルが、急に横倒しになった。

「何か倒れましたね。大丈夫でしょうか」

老人が心配そうな声を上げた。

「ちょっと様子が変だな。怪我してたら、救急車を呼ばないとマズいぞ」

携帯電話が普及していない時代である。緊急車両を呼ぶとなると、公衆電話か、固定電話から掛けるしかない。

現場監督や他の作業員はまだ事故に気づいていないようだ。

観察していても、座席からオペレータが出てこない。

明らかに何か異状が起きている。

まずは現場監督に伝えねばならない。

顔を覚えられるのは避けたかったが緊急事態である。敬さんは詰め所まで走ると、樹の根を抜いていたパワーショベルが転倒した旨を知らせた。オペレータが出てこないので、怪我をしている可能性があることも伝えた。

しかし、現場監督は鬱陶しそうに、しっしっと手で払うしぐさを見せた。

これでは埒が明かない。

彼は再び公園まで走っていき、老人に電話を借りられないかと伝えた。老人の自宅までは、徒歩で五分と掛からないのは知っている。

警察と消防署に連絡を入れて暫くすると、救急車とパトカーのサイレンの音が聞こえてきた。その音を確認すると、敬さんは何事もなかったような振りをしてその場を離れた。通報したことを現場監督に悟られたくなかったからだ。

二日後に、地元の集まりで、消防団員からその話を聞かされた。

「敬さん、あんたが通報したオペレータの人、司法解剖になったって話だよ」

「え、死んだのかよ。パワーショベルが倒れただけで、人って死んじまうのか」

怪我くらいはしているだろうと思ってはいたが、死んだというのは想定外だった。

思案していると、消防団員は声を潜めた。

「その話なんだけど、順番が違うんだよ。実は重機が倒れる前に、作業員のほうは心臓発作を起こしてたらしいんだ」

彼の説明によれば、オペレータが心臓発作を起こしたので、パワーショベルの操作に不具合が起きて転倒したとのことらしい。

それなら理屈は通るか。

「しかし、敬さん、あんた不動産屋だから、何か事情を知ってるかもしれないけど、あの場所、嫌なところだね。うちの隊員も黒い霧が出てるって噂してんのよ。もし事故が続いたら嫌だねってね」

この言葉は、後に現実になる。

現場監督はそれからひと月経たずに、現場で突然胸を押さえて亡くなった。急性の心筋梗塞だった。そして次の現場監督も三カ月と保たなかった。

工事は滞り、土地は中途半端に手が入ったまま放置された。

更に、それが原因かは不明だが、土地を買った不動産屋も、工事を請け負っていた土建屋も、それから一年と経たずに手を引いた。

一年ほど放置された後に別の会社がその土地を買ったが、元々の工事の予定からは大幅に計画が縮小された。工事も何度となく止まり、最終的には五十台ほど入る駐車場になった。また、畑のほうは七、八軒の新築二世帯住宅として売りに出された。

「この土地が極悪だったのは、逃げ出した者を許さなかったことだよ」

敬さんは鞄から古い新聞を取り出した。

「ここに書いてあるんだけどね、元々土地を持ってた地権者が、交通事故を起こして父母と長男の三人揃って死んじまってるんだ。この話も、三人が移り住んだ都内のマンションが、まだ築浅なのに売りに出されたことを知った仲間が教えてくれた話でね。本当に酷い話だよ」

それでな、最後に勾玉を持って帰った作業員な。こいつは土地のあった近所の病院に今でも入院中なんだよ。要介護で入院して、最初はすぐに出てこられると思っていたら、どんどん悪化して、今では要介護5になっているらしいよ。実際三十年近く入ったままで、死なせてくれが口癖なんだと。

だからね、古墳のある土地になんて、絶対に手を出しちゃいけないのさ。

稲荷の祠

新宿を始発とする私鉄沿線の話である。急行も停まるSという大きな駅から徒歩圏にある土地に関する話だという。

解体業者を経営している土肥さんは、知り合いの遊佐という建築デベロッパーから仕事を紹介された。葉山という若い実業家の所有する土地を整地してほしいという依頼だった。

葉山氏は、遺産相続で土地と建物を相続した結果、その土地に新築の戸建てを建てることを希望しているとのことだった。話を聞くと、現在は彼の祖父が建てた家がまだ古屋として残っているという。その家の解体と整地を任されたという訳だ。

まずは現地の様子を把握しなければ始まらない。見積もりを取るために、早速その週末に現地を訪れた。

古屋と聞いていたが、見る限りでは立派な日本家屋で、まだ十分住める物件だ。箪笥《たんす》などの大型の家具もまだそのままになっている。

挨拶もそこそこに各所を見て回る。その間に、葉山さんから説明を受けた。

「この家は、先代が老人ホームに引っ越してから、数年に亘って無人だったんですよね。家って人が住まないようになると、すぐ傷んじゃうじゃないですか。この家もなりは立派ですが、まぁ古いし、カビ臭いしで、俺達みたいな若い家族が住むにはちょっと不向きかなと思いましてね」

今は都内にマンションを借りて住んでいるが、子供が小学校に上がる前に、こちらに引っ越したいのだと、彼は語った。

遊佐さんから事前に聞いていた通り、上物は全て解体してもらいたいとの希望だった。シンプルモダンな家に建て替える予定なのだという。

「ええと、先程全面的に更地にするとお聞きしましたけれども、植栽などはどうされる予定ですか。何か植え替える予定とかお考えですか」

「いいえ、もう全部取り除いちゃってください」

土肥さんは様子を確認するために庭に出た。

周囲は雑草が生え放題だったが、庭の一角には枝振りの良い樹が何本も生えている。これを全て潰してしまうのはもったいないとは思ったが、そこは解体業者が口を挟むことではない。それよりも気になったのは、庭の隅の一坪ほどの土地に、お稲荷さんの祠があることだった。

「御主人、すいませんけども、お庭の祠について聞かせていただいても良いですか」

　庭から呼び掛けると、夫婦が揃って出てきた。

「ああ、これかぁ。俺はよく知らないんだけど、この家には、先代、先々代が商売を営んできた関係で、こういうのがあるんだよね」

　お稲荷さんは祖父の代からのものらしい。確かに居間には立派な神棚も設《しつら》えてあった。

　そのとき、葉山さんの隣にいた奥さんが口を挟んだ。

「これさ、新しい家には要らないよね」

「ああ。要らないなぁ。親父達は大事にしてたみたいだけど」

「でも、それってあたし達が受け継ぐことでもないでしょ。それだと愛美にだって継がせるとかって話になるじゃない」

　どうやら、お稲荷さんについてよく分かっていないようだった。

「――すいませんが、よろしいですか」

　夫婦に声を掛ける。すると葉山さんは、土肥さんのほうに向き直った。

「ええとね。俺ら夫婦と子供はキリスト教なんで、最初から仏教とか関係ないですから。これも壊して、まっさらにしちゃってください」

　しかしそうは言われても、不動産、土建業、解体業者にとっては、井戸、池、お稲荷さんの祠、石像の類は、迂闊《うかつ》に手を出したくない対象だ。験を担いでいるともよく言われるが、土肥さんの知り合いにも、実際に祟られたとしか思えないトラブルが降り掛かった話がある。

「あのですね。お稲荷さんの祠は、ちょっと私達には簡単に手出しできないんですよ。元々、何処の神社からいらっしゃっているかを確かめて、御魂抜きの儀式ってのをするために、神主さんを呼んだりして、きちんと魂を抜かないと祟ることがあるんで——」

口を挟まれたことが想定外だったのだろう。夫婦はきょとんとした顔をした。

「ええと、それって神道か何かですか。うち、先程も言いましたけど、キリスト教なんで関係ないですよね」

「そうですよ。解体料はお支払いしますので、早く全部まっさらにしてください。早く新しい家を建てたいんで」

本人達にはこれ以上関わるつもりもないらしい。

施主の態度はともかく、御魂抜きをしない訳にはいかない。

土肥さんは祠の中を確認した。

中にはぼろぼろになったお札が納められていた。デジカメでそのお札を写真に撮った。

お札の陰には一匹のヤモリが潜んでいた。

――施主にやる気がねぇんだもん。仕方ねぇやな。

土肥さんは一般的な見積もりに上乗せした値を提示することにした。御魂抜きの儀式料と手間賃、いざという時に何かあったら、それで何とかしようという魂胆である。

結果、見積もりは通常の値段より二割近く高額になった。

庭のお稲荷さんの件があるので、他の業者は受けてくれないと思いますよと伝えると、葉山さんは見積もりにしぶしぶ納得したようだった。

工事の日程を詰めて事務所に戻った。

その夜、土肥さんは念のために遊佐さんの事務所に連絡を入れた。

「そのお稲荷さん、後々まずいことになるかもね」

電話口の声は重いものだった。整地後の土地に家を建てるのは彼の仕事だからだ。

工事の日程は詰めたが、施主である葉山さんは現場に顔を出さないと決めているようだった。仕事で立ち会える時間もないので、全て更地になり次第、連絡を入れてほしいとのことだった。

——神様のことまで全て他人任せとはね。

気が重い。雇っている作業員は何としても守らねばならない。工事でトラブルが起きるのも避けたい。非科学的だの迷信だのと笑われても、何かあってからでは遅いのだ。

土肥さんは見積もりを取った翌日に、お札を受けた稲荷神社に連絡を入れていた。前日に祠とお札の写真を撮っておいたのが功を奏した。

相談の結果、神事を行いに神職が出張してくれることになった。その依頼の際に、施主が同席しないことも伝えた。

当日準備したものは油揚げに根菜。それらを祠の前に並べる。

ふと気になって見てみたが、祠の中に、何故か先日のヤモリはいなかった。

神職による御魂抜きの神事はものの三十分も掛からなかった。

「さ、これで大丈夫だ。工事に取り掛かるべ」

躯体の周囲にシートを張り、重機を使って崩していく。次々と出る廃材は、順次トラックに積んでいく。

工事は順調に進んだ。最終日にはデベロッパーの遊佐さんも顔を出した。

「俺も気になってたんだよね」

言葉に出すまでもない。お稲荷さんが祟って、何か悪いことが起きることを心配しているというのだ。

聞けば葉山さんが突然事務所にやってきたのだという。彼は持参した建築雑誌のコピーを何枚か広げた。どれもコンクリート打ちっぱなしの躯体にウッドデッキ、緑の芝生という、判で押したような家ばかりだった。

「嫁が早く早くって急かすんで、もう遊佐さんに設計を始めてもらおうかと思って」

彼は、お金は多少掛かっても良いから、満足度の高い家を建ててくれと念押しして帰ったという。

「あの人、もうおかしくなってんじゃないかな」

遊佐さんは考え込んでしまった。

キリスト様かマリア様か何か知らんけど、ちゃんと護ってやってくれよ。

「俺ら夫婦と子供は、キリスト教なんで――」

葉山さんの言葉が思い出された。

土肥さんは、首を振った。もうこれ以上関わるつもりはなかった。

半年ほどして、土肥さんの元に遊佐さんから電話があった

「あのさ、S駅の物件あったじゃない。あれさ、基礎は打ったんだけど、もうそれから工事できないんだよ。ちょっと悪いんだけど、今夜付き合ってくれるか」

もうアルコールが入っているようだった。

いつも二人で入る小さな居酒屋のカウンターで、遊佐さんはこの半年間に起きたことを教えてくれた。

葉山さんは頻繁に現場に顔を出した。週末だけでなく、平日にも顔を見せた。

工事を開始して一カ月後に、葉山さんが交通事故で亡くなった。即死だった。

葬儀が済み、工事が再開された。

すると今度は奥さんが毎日のように工事の進捗を確認に来るようになった。だが、それも長くは続かなかった。

彼女はふた月と経たずに入院してしまった。ここで工事は中断された。

事情を訊ねると、進行性の癌が発見され、家を建てるどころではなくなってしまったという。

「子供は博多に住む親戚の家に預けられたらしい。それからどうなったかは聞いていないんだけどね。こういうのってさ、嫌なんだよね。金は払ってくれたから別に良いんだけど、経験的にね。本当、こういうことって凄く嫌なんだよなぁ」

遊佐さんは心底不味そうに酒を呷《あお》った。

最後を締めくくるように、土肥さんは最近の話を教えてくれた。

「最近、偶然S駅の近所で仕事をしたときにさ、ついでにあの土地を見に行ったんだ。そうしたら、立派な建売住宅が並んでてね。びっくりしたんだよ。でもがらんとしててね。そんで気になってさ、近所の人から聞いたんだけどね――」

葉山さんの奥さんは、その後実家に戻って入退院を繰り返し、現在は認知症も併発して、廃人のようになっているという。親戚に預けられていた娘は、親戚の間を転々とし、今では行方知れずになった。

基礎が打たれたまま荒れ放題になっていた土地は、その後所有者が変わった。

土地を買った業者は、何処からかお稲荷様に関する噂話を聞きつけており、念入りに地鎮祭を執り行ったらしい。

しかし、そこまでして建てた家も、ずっと買い手が付かないままだ。

塩漬け

「意外とね、そういう土地はあったりするもんなんですよ」

渓さんはそう前置きして地図を広げた。都心から伸びる私鉄。その各駅停車しか停まらない駅に、鉛筆で薄く丸が付けられていた。

「この駅からまっすぐ行ったこの角を曲がって、少し入った家です」

地図上のその家には、鉛筆で薄くバツ印が付けられていた。だがその印は、何度もなぞられた結果、他よりもやや濃くなっていた。

「色々と話を聞く度に、バツを付けていったら、こんな感じになっちまったんですよ」

平成の頭だったか、昭和の終わりだったか、もう正確な日付は定かではない。裏は取れているが、今からは詳しく調べることができない案件だという。担当者が皆、死んでしまったからだ。

そこは、たまたま銀行から相場よりだいぶ安い値段で入手した土地だった。

「売っといて悪いけど、その土地には気を付けたほうが良いよ」

銀行の担当者は、真面目な顔でそう告げた。支払いの滞ったローンの抵当として入手した土地を現金化するために、渓さんの会社に売ったのだ。二束三文だったが裏に隠された事情があったのか。

「その家に住んでいた六人家族、間もなく全員が事故に遭って死んだんだよ」

調べてみると。過去にもその家では一家心中があったという。競売でも買い手がなかなか付かない土地で、塩漬けになっていたのを、渓さんの会社が掴まされたということだ。

社長に命じられた渓さんが現地に向かうと、蔦《つた》の絡んだ半壊した古屋が残っていた。一家心中の現場だが、長い間不動産屋をやっていると、そんな物件に当たることもある。

更地ならば、新たに何かアパートを建てるにも、分譲住宅にするのにも話が通しやすい。しかし、古屋などの上物がある場合、壊すための代金を上乗せする必要がある。上物を壊し、ましてや伸び放題になっている樹々を伐り、整地までせねばならないとなると、容易に買い手は付かないだろう。

彼はそのとき、敷地の隅に小さなお稲荷さんの社が建てられているのを確認している。

それから一年二年が経ち、バブル景気が日本を覆った。土地の値段はぐんぐん上がり、古屋があっても何とかするから良いよという、腹が太い買い手が現れるようになった。

一軒目は工務店だった。話を聞くと、その土地にデザイナーズマンションを建てようという計画だという。確かに都心まで一本で出られるし、閑静な住宅街だ。マンション経営にはうってつけの土地だ。

しかし、その工務店の営業は、何度か現場にも顔を出したが、すぐに姿を見なくなった。話では、ひと月と掛からずに病気で亡くなったと聞いた。

半年ほど経った。渓さんの元に、その工務店から〈あの土地を引き取ってくれないか〉と連絡が入った。古屋を壊し、木々を伐採したところまでは確認している。その後で何か計画を断念しなくてはならないトラブルが起きたのだろうか。

顔を見せたのは、新人らしい若い営業マンだった。彼は一通りの説明をした後で、愚痴るように渓さんに打ち明けた。

「実は今回の事業に見直しが入りまして。先週、社長と副社長が亡くなりました。その前から、二人ともあの土地についての夢を毎晩のように見ていたそうです。どちらも何かに取り憑かれたように、お稲荷さんのお社はどうしたって何度も営業の社員に訊いてました」

言外に含むものが感じられた。つまり何か瑕疵《かし》があることを隠して売ったのではないかと、文句の一つでも言いたいのだろう。

しかし、どんな土地でも構わないと言ったのは、工務店の社長のほうだ。

「そのお稲荷さんなら、土地の隅にありましたよ」

そう告げると、営業は顔を青くした。

「今はもうないんです。うちで雇っている作業員達も、知らないって言ってまして」

「え。隣地との境界に近いところに――」

「ないんですよ」

そう残して立ち去ったが。彼はその帰り道に、交通事故を起こして亡くなった。


どうも銀行の担当者が気を付けたほうがいいと耳打ちしてきたのは本当のようだ。かといって、渓さんの会社に何かおかしなことが起きたという訳でもない。

次に買い手として名乗りを上げたのは、投資家という肩書きの男性だった。

整地された状態のため、価格を上げて市場に出したところ、すぐに連絡が入った。

彼は億を超える代金を即金で支払った。

しかし、工事を始めたところ、ショベルカーに乗って作業をしていた作業員が心筋梗塞で病院に運ばれ、また、エクステリアのための材料を運んでいたトラックの運転手も狭心症で意識を失って事故を起こし、この世を去った。

投資家の男性も体調を崩し、あの土地を買ってくれないかと、連絡を入れてきた。

何度売っても戻ってきてしまう。この土地自体に問題があるのは確実だった。

三軒目に名乗りを上げたのは、医者だった。

しかし、地鎮祭も終え、家を建てるための基礎工事が入るという日の話である。

朝、作業員が三台に分乗したトラックが、三台とも現場に来る途中で事故を起こした。

現場に来る途中の事故だった。先に着いていた現場監督に、次々と事故の連絡が入り、工務店自体が工事を引き受けるのを止めてしまった。

その土地は三十年経った今でも空き地だ。それ以降市場に出たという話もないので、まだその医者が所有権を持っているのだろうとのことだった。

「うちもそれから暫くして、バブルが弾けると同時に事業が立ち行かなくなってね」

渓さんは自嘲気味に笑った。

結局、あの土地に関わったどの業者も会社を存続させられなくなり、もう一切跡形すらもない。

住宅団地

生まれてこの方、洋子さんは大きな川が海に注ぐ町に住んでいる。

彼女が小学校の高学年の頃のこと、同級生の夏子が新居に引っ越したというので、誘われて学校帰りに家までついていった。

小学校からは子供の足で二十五分近くも歩いただろうか。古い軒の並ぶ住宅街が途切れた。視界の先には畑が広がっており、その奥にピカピカの家々が並んでいる。

「ここから先は、通学路もまだ決まっていないんだって」

今後戸建てが増えていくはずの、売り出し中の新興住宅団地。まだ開発中ということもあって、夏子の家までは畑の間を辿っていかねばならないようだ。彼女はくねくねと折れ曲がった道を歩いていく。左右の畑には、キャベツやネギが植わった畝が延びていた。

こういうのって、大きな道から整備するものではないのかしら。

洋子さんは不思議に思った。

住宅団地と一本道を挟んだ側には、古い家屋が並んでいた。一方で友人宅の並びには新築の戸建てが八軒。更に十字路の奥には十軒ばかりの家々が軒を連ねている。

そういえばここ一年ほどで、新聞にも分譲住宅のチラシが入るようになっていた。このことだったのかと合点した。

「学校からはちょっと歩くけど、良いところだよね」

河川敷からも程近いはずだ。聞けば道のどん詰まりには、公園として整備された河川敷が広がっているらしく、そこには広場や遊具もあるという。水辺にまで降りていけるように階段の設置された箇所では、のんびり釣り糸を垂れる人もいた。

小学生が遊ぶには魅力的な場所だ。

事実それ以降、洋子さんはその住宅団地を抜けて河川敷まで遊びに行くことが増えた。無論夏子を誘ってである。

しかし、夏子が引っ越してから、彼女は不意に暗い顔をすることが多くなった。洋子さんが心配して話を聞くと、その度に不穏な話が彼女の口から漏れた。

「近所の立見さんのお母さん、癌なんだって」

「事故で四軒隣の佐藤さん亡くなった」

「三軒隣の林さんち、おばあちゃんのお通夜」

「お葬式、またあるんだ」

頻繁に聞く訃報。小学生の洋子さんにも、友人宅の建つ土地がおかしいのではないかと思えるほどだった。

「きっと偶然だよ」

「お葬式、順番に来てるんだよね」

ぽつりと漏らした言葉に、一気に肌が粟立った。

夏子はずっと誰かに吐き出したかったのかもしれない。


いつも河川敷まで走っていく道の奥から、一軒ずつ順番に葬儀が出ているという。ひと月かふた月ほどの間隔だ。立て続けに、と感じる程度には頻繁だった。

夏子の家まであとちょっと。もし順番通りなら次の次には彼女の家族が誰か亡くなる。ここまで続いているのだ。もう偶然と呼ぶこと自体が不自然に思えた。

死ぬのは夏子自身かもしれない。その可能性は低いとは思えなかった。

彼女か、彼女の両親か。三人に一人。

結局夏子の家は、隣人が亡くなったのを機にその住宅団地を去った。

住み始めてまだ間もなかったが、手放して古いアパートに引っ越したという。

その報告を聞いて、洋子さんはほっとした。

夏子が引っ越して以降、洋子さんには、その地区の知り合いがいなくなったこともあり、風の便りでしか状況を聞いていなかった。だが、半年と経たずに、今度は夏子の家を通り過ぎた次の家で葬儀が出たと耳にした。死因は交通事故だったらしい。

数えてみると、その住宅団地では二桁の葬式が出ていることになる。


それからおよそ十年が経過した。

短大を卒業した洋子さんは、たまたま仕事でその地区の開発業者と知り合った。

川沿いの畑を潰して、住宅地を造るという。住所を見ると、夏子のいたあの住宅団地の隣に当たる区画だった。

仕事の打ち合わせで、久しぶりに現地に足を運んだ。

建物は増えていたが、昔友人が住んでいた区画には、まるで当時の面影がなかった。アパートや新しい住宅が建てられている。夏子の家があったはずの場所には小さなネイルサロンが開業していた。

十年やそこらで、何軒もが新築の家を手放すだろうか。

毎度もやもやとした思いを抱えながら、担当者との打ち合わせを重ねた。

それから程なくして、開発工事が始まった。

広い道を通し、新たに区画整理を行い、インフラを整備するのだ。

工事が始まって暫くした頃、開発現場で人死にが出たというニュースがテレビで報道された。クレーンで鋼管を運んでいる最中に、作業員が巻き込まれて死亡したとのことだった。

洋子さんの実家からもそんなに遠い場所ではない。

もう金輪際あの土地には関わりたくない。彼女はそう呟くと、身を縮めるように、自身の肩を抱いた。

何処

「やっぱり、うちも引っ越すしかないのかな」

天田さんは幼なじみの浩史から相談を受けた。

彼の家は、三年前の三十五歳のときに、三十五年のローンを組んで、無理して新築を買ったものだ。不動産屋が六軒まとめて売り出した住宅の一軒だった。そこは住宅団地というには小規模だが、同じタイプの家が道を挟んで三軒ずつ並ぶ、統一感のある一角だった。

しかし、ここ数年、同時期に入居した周囲の家々が次々に引っ越し、今では半分しか入居している家がないという。

「仕事の関係とかで引っ越さなきゃいけなくなって、家を売って移り住んだとか、賃貸にして貸し出そうっていうんじゃないの」

そう指摘すると、浩史は首を振った。

「いや、そうじゃないんだよ。それなら新しい人が入ったっていいじゃんか。今はまるで歯抜けのような感じなんだよ」

早々に両隣が空き家になり、対面の一軒も去年引っ越していった。

「何か心当たりはあるんか」

築浅の物件から、年に一軒の割合で逃げるように引っ越していくというのは、何か事情がなければ考えづらい。

「いや、引っ越していく人たちの様子が、どんどん身体を悪くしていってるのは共通していたんだよ」

まだ何かを隠している。

「それでお前も引っ越すって穏やかじゃないな。俺に相談するなんて、お前の家でも引っ越しを考えるような何かがあったのか？」

ほぼローンが全額残っている家から引っ越そうという話が出てくるのだ。何かあったと見るのが自然だろう。


「最初はね、家鳴りから始まったんだ」

新築の建材が軋む音を立てることはよくある。しかし、その頻度が度を超していた。夜になると朝日が昇るまで、家中が一晩鳴り続けるのだ。それも毎晩である。

自分だけではなく、妻も息子も寝られないと訴えた。そのうち落ち着くと宥めていたが、家鳴りはますます酷くなった。そんなある朝、息子が言った。

「昨日、誰か廊下を歩いてなかった？」

指摘されてみれば、二階の廊下を一晩中誰かがうろつき回っていたような気もする。

「お父さんじゃないの」

「俺じゃないよ」

「それじゃ、誰よ」

その晩、耳をそば立てていると、ゆっくり一階から階段を上ってくる足音が聞こえた。その足音は、二階の廊下を一晩中うろうろしていた。

不審者かとドアを薄く開いて確認しても、廊下には誰もいなかった。


足音は毎晩続いた。決まって深夜に一階から階段を上がってきて、部屋の廊下の前を往復する。しかも日毎に音が大きくなっていく。ついには革靴でも履いているのではないかという硬い音が一晩中廊下を歩き続けた。もう不審者という線ではない。何かおかしなことが起きているとしか考えられない。

妻も息子も、もう二階では寝られないと訴えた。

「それで、今は家族三人、リビングに布団を敷いて寝てるんだ」

一階で寝ていても、天井伝いに二階の廊下をコツコツと足音が移動しているのが分かる。

決して安普請ではないのだが、その足音は家の何処にいても聞こえる。

音源の位置からすると、子供部屋と親の寝室の前を行ったりきたりしている。

一カ月ほど経っただろうか。一階で固まって寝ていると、例によって階段を二階に上っていく足音が響き始めた。

また始まったな。

寝入り端《ばな》だったが、繰り返される足音を聞いていると、目が冴えてしまった。身体がいつでも緊張しているからだろう。慢性的に睡眠不足な状態が続いている。

今日もいる。でも一階にいれば安心だ。あいつは二階の廊下をうろつき回るだけだ。

すると、普段とは異なり、足音が次第に激しくなっていった。

地団駄でも踏んでいるのではないかという大きな音が響いてくる。

「いつもと違うよね」

いつの間にか妻も目を覚ましていた。

上階からは、金属が立てるがちゃがちゃという音が響いてくる。ドアノブを激しく回している音のようだ。続いてドアを激しい勢いで開け閉めする音も始まった。

がちゃ、ばん！

――ドアを開けてやがる。

がちゃ、ばん！

がちゃ、ばん！

がちゃ、ばん！

もう昼間でも二階に行くことはできない。何処に相手が隠れているのかと思うと、それだけで逃げ出したくなった。

音を聴きながら震えていると、勢いよく階段を駆け下りてくる音が響いた。

朝まで二階にいるんじゃなかったのかよ！

階段を下りた先は、リビングに続く廊下が伸びている。

コツコツと響く足音が、廊下を往復する。

「――」

声が聞こえる。何かを呟いている。

リビングの入り口は、中央にすりガラスの嵌まっているドアである。そのすりガラスの向こうを何かが左右に移動していく影が見える。

「何処って、言ってるよ」

妻が囁《ささや》いた。彼女は腕にしがみついてきたが、その身体は細かく震えていた。

「どこぉ？」

廊下を往復する足音。

「どこぉ?」

影はリビングのすぐ脇の廊下を、足早に往復し続けた。それは朝まで終わらなかった。

翌日、寝不足で痛む頭を抱えながら家の前でタバコを吸っていると、はす向かいの家に住む女性から声を掛けられた。

「おたくでも始まりましたか。――もう四軒目ですね」

面食らったが、彼女はこちらから声を掛ける間もなく家に入ってしまった。顔を合わせたのはその一度きりなので、真意の程は明らかではない。

ただ、夜中になると聞こえ始めるあの足音や、ドアを激しく開閉する音が聞こえていたのだろうか、と推測している。


「――それが続くようになったんだけど、今朝は違ったんだよ」

足音は二階から始まり、すぐに階段を下りてきた。いつも通り廊下を移動するのかと思っていると、影がドアのすりガラスに張り付いたのだと浩史は頭を抱えた。

「見つけたぁ」

「見つけたぁ」

「見つけたぁ」

影は、朝までドアの前でそう呟き続けた。

「結局、浩史は安いアパートを借りて、ローンを丸抱えしたまま、その家から引っ越しました。売りに出したりもしたんですが、なかなか買い手が付かなかったみたいです」

天田さんは、自分には話を聞く程度で、アドバイスらしきアドバイスもできませんでした、と唇を噛んだ。

「何年かして、辛うじて売れたけれど、そもそも土地が良くないという噂もあって、買値の三分の一程度の価格にしかならなかったそうです。あと、当時でまだ三十年近く残っていたローンを、今も毎月支払っているみたいです。でもね——まだあいつは良いほうだったそうですよ。そうしているうちに、その一帯が地盤沈下を起こして、残っている家も酷く傾いてしまったって。例のはす向かいの女性の家もね。保険も適用外だったから、完全に丸損だったそうですよ」

今はもうその土地は全て更地にされて、見る影もない。

水足跡

海に近い町での話。響子さんは建設会社に勤めていた。

「暑いところすまないけど、ちょっと現場でトラブっているみたいだから、響子さん悪いんだけど、確認してきてくれる？」

ある夏の朝、出社すると上司から依頼された。既に気温は三十度を超えていた。

確認すると、市内の古民家付きの土地を更地にするという小さな工事だった。下請けの解体業者に依頼してある話だが、わざわざうちの会社が口を挟む必要があるのだろうか。

しかし、上司からの指示なので、いそいそと指定された工事の現場へと足を運んだ。それだけで全身汗だくになる。

古屋には防塵シートが張られており、工事はもう終盤のようだった。日程を確認しても、もう数日で完了する予定である。

だが、本来なら忙しく動いているはずの重機の音がしていなかった。工事は中断しており、現場監督らしき男性を中心に、数名の作業員が相談をしているだけだ。

「あのう。会社のほうから来たんですけど、どうかされましたか」

「ああ、暑いところをわざわざどうも。今日顔出すはずの作業員が来なくってね。外国人三人なんだけど、困ったなと」

監督は汗を拭き拭き、響子さんに会釈した。

「実はですね。この土地の一角に井戸がありまして——。それでちょっと困ったことになってんですよ」

「井戸ですか」

建築業者や解体業者、土建業などの不動産を扱う者の共通見解として、井戸や祠、石仏などには気を付けねばならないというものがある。嫌な予感がした。


「おーい、アンドリューとベルナルドが来てないぞ」

「アントニオもいないぞ」

作業員が周囲を確認したが、やはり三人は現場に顔を出していない。何かあったのだろうかと、現場監督が聞き込みをすると、三人は昨日の夕刻に、敷地の奥で何かに手こずっていたのを目撃されていた。

「三人は井戸の蓋を開けていたみたいで。今朝、うちの作業員が確認したら、どうもその井戸、誰かが掃除とかしているみたいですね」

見に行きますかと問われた。響子さんはデジカメを持って、一緒にその井戸を確認することにした。

井戸があるとは聞いていなかった。その場合、井戸を埋める専門の業者に依頼する必要がある。験を担ぐ業界ということもあるが、それだけではない。何かあったときに、作法を守らなかったからだ、と逆恨みされるのも避けたいのだ。だから、儀式のようなものはきちんとするべき――響子さんはそのように理解している。上司も同じ考えである。

社に戻り次第、手配しないといけないかな――。

「こんな感じなんですよ」

監督の声に我に返った。コンクリートで固められた地面から、これもコンクリート製の円筒が突き出していた。その上には五センチほどもある鉄製の蓋が置かれている。ただ、その蓋は円筒から拳二つ分ほどずらされていた。

「え。ここって、誰も住んでいないんですよね」

「あ、はい。何年も無人だったと聞いています」

響子さんが確認したのは、その周囲が余りにも綺麗に掃除されていたためだ。

――誰も住んでいない場所の井戸を、これだけ綺麗に保っているのには、何かしら理由がある。

違和感を通り越して、不穏なものを感じた。

この井戸は、触れてはいけないものなのではないか。

少なくとも、専門家に依頼しないといけないものだ。

「この蓋は――」

「今朝から来ていない三人が、ずらしたみたいなんですよ。あとその蓋、下から覗いてみてください」

響子さんは腰をかがめて、監督が指差した蓋のはみ出しを裏から覗いてみた。

全身が総毛立った。

蓋の裏には、隙間なくお札が貼ってあった。

「やっぱり、井戸の件は、あたしらじゃなくて専門に依頼してもらってもいいですかね」

監督の声が遠くに聞こえた。

「あれれ」

響子さんがデジカメで井戸の周辺の様子を撮影していると、監督が素っ頓狂な声を上げた。

「どうかしましたか」

「これ、足跡ですよね」

ずらされた蓋から、コンクリの円筒の中が覗ける。

その周辺には小さな、恐らく子供の濡れた足跡が重なり合って付けられていた。

「子供の足跡——ですかね」

全身ずぶ濡れの子供達が、コンクリの円筒の隙間から出て、敷地を横切っていく姿が想像できた。

濡れた足跡は敷地を通り抜け、道に沿って先まで続いていた。

何処まで続いているのか。響子さんは確認するかどうか迷った。

「後であたしが確認して、電話するのでも良いですよ」

「いいえ、作業服の方より、私のほうが違和感ないと思いますし、ちょっと行ってきます」

足跡は数軒先の家の軒下にまで達していた。


今後、井戸をどうするかの方針を確認するために、その場で上司に電話すると、とりあえず帰ってこいという指示が出た。

社に帰る直前に、再び足跡を確認した。

もう昼近い。夏の炎天下、既に気温は三十五度近くまで達している。

その状況を無視するように、水気を含んだ足跡は消えていなかった。

帰社して状況を上司に報告すると、あとはこちらでやっておくからと言われた。


それから二週間後、上司から声を掛けられた。

「井戸から足跡が出てた家のこと、覚えてる？」

「覚えてますよ。気持ち悪かったです」

「あれさ、井戸の蓋ずらした三人の外人の作業員が、みんな寝込んじゃったり、おかしくなっちゃってたらしくてね。ちょっとまずいんだわ」

「井戸の処理は専門の業者に頼んだんですか？」

「うん。俺も昨日見に行ったんだけどさ、そっちは滞りなく済んでね。でもね。報告してくれた足跡の続いていた先の家から、腐乱死体を運んでいるところを見ちゃってさ、ブルーなんだよ――」

後の新聞報道によると、例の足跡が出た当日が、死亡推定日とのことだった。

ただ、足跡との関係は一切解明できていない。

隙間家

鈴森さんは、中学二年生の三カ月間、親の都合で福岡県のY市に移り住んだことがある。高々三カ月の転校生活で、別段友達を作ろうとも思わなかったが、鈴森さんに親しく話し掛けてくる純也という同級生がいた。

純也は勉強が余り得意ではなかったようだが、スポーツ、中でもサッカーに長けており、持ち前の明るいキャラクターで、クラスのムードメーカー的なところがあった。

彼は放課後になると、鈴森さんに話し掛け、一緒に帰ろうと誘ってくれた。

——純也なら幾らでも一緒に帰る奴はいるだろうに。何で俺なんだろう。

鈴森さんは、誘われるままに純也と一緒に帰路に就いた。単に転校生だということで気に掛けてくれているのかもしれない。

ある日、一緒に帰る途中、純也が何か思い出したような表情を見せた。

「ああ、そうだ。鈴森さ、今日俺の家誰もいないから、ゲームしに来ないか？」

彼は家に帰ると一人でゲームをしていることが多いのだという。ハードウェアと、ゲームの名称を幾つか挙げた。その中には鈴森さんが知っているタイトルもあった。

「そうか。僕の家も親の帰り遅いしな——行っても大丈夫？」

「鈴森なら大歓迎だよ！」

純也は爽やかな笑顔を見せた。

彼の家は周辺に建つ瓦葺《かわらぶ》きの伝統的な日本家屋と違い、まだ真新しいモダンな建物だった。今でこそ一般的になったが、装飾の排された直線的なラインの建築は物珍しかった。

——純也の家は高級なんだなぁ。

鈴森さんは、きょろきょろと周囲を見回した。清掃も行き届いている。

純也が鍵を開けて、上がりなよと促した。


廊下から見える開放感のある明るいリビングを横目に階段を上がると、八畳ほどの部屋に案内された。そこが純也の部屋だという。彼の部屋には大型のテレビがあり、そこに何台もゲーム機が繋がっている。

「そこ座って」

床に丸い座布団が置かれている。

「最近、どんなゲームやってんの？」

座布団に腰を下そうとして純也のほうを振り返って声を掛けると、彼はしゃがみ込んでドアの下にストッパーを挟んだ。

「暑いなぁ。エアコン入れるか」

立ち上がった彼はエアコンのリモコンに手を掛けた。直後、電子音とともに、噴き出した冷たい空気が鈴森さんに直撃した。

そういえば、純也が挟んだストッパーで、ドアが拳一つ分ほど開いている。

――部屋のドアを締め切れば、もっと早く涼しくなるんじゃないか？

思い返せば、純也の部屋に上がってくるまでに、幾つかドアの脇を通り過ぎたが、その全てにストッパーが掛かっていた。

リビングから隣室に通じる襖も、そういえば敷居に平たい丸石が置かれ、それに妨げられるように、中途半端に開いていた。

「ジュース飲む？」

純也が声を掛けてきたので、鈴森さんは自分の回想から現実に引き戻された。

ああ、と戸惑ったように頷いた。純也は今取ってくるよと立ち上がった。

「最近やってんのはサッカーのゲームばかりだけど、折角だから格闘ゲームで遊ぼうぜ。セットしといて」

そう言い残して、純也は部屋から出ていった。

ぐるりと部屋を見回すと、クローゼットのドアにもストッパーが取り付けられていた。

そのとき、一階から純也の声が聞こえた。

「友達が来てるんだよ。──うん。うん。大丈夫だから」

途切れ途切れに聞こえてくる声は、誰かと会話しているものだった。一階に家族の誰かがいるのだろうか。純也は誰もいないからと言って誘ってくれたはずだが。

とんとんとんと階段を上ってくる音がした。純也の持ってきた乳酸飲料は、普段家で飲んでいるものよりも少しだけ濃かった。


格闘ゲームで遊んでいると、あっという間に時間が過ぎた。

夏の陽射しが陰り、夕方を迎える頃、鈴森さんは腹の調子が悪くなってきた。冷えたのかもしれない。

「純也、悪い、トイレ貸してもらえる?」

「ああ。トイレは一階。階段を下りた先で右に折れたら、左にトイレのドアがあるから」

頭の中で右に折れたら左のドア、と復唱する。

「一つだけ注意して。トイレのドア、絶対に閉めないで」

「あ、うん。分かった」

鈴森さんは、階段を下りてトイレに向かった。

——階段を下りたら右に折れて、左。

一階は電気が点いていた。やはり誰かいるのだろう。トイレに入る前に、周囲を見回すと、やはり先程の記憶通りだった。ドアといい引き戸といい、全てが開け放たれている。この家は、何故かドアを閉め切ることを拒絶しているのだ。

——トイレトイレ。右に折れて左のドアだったよな。

ドアストッパーで完全には閉じられないようになっているドアを開くと、そこには手洗い場があった。その先には丸石が敷居に置かれた引き戸がある。用を足す個室は引き戸の先ということだ。

鈴森さんは個室に入ると、制服のズボンと下着を下ろして洋式便器に腰掛けた。

いつもの習慣で、彼は引き戸に鍵を掛けようとした。しかし、それには置かれた丸石が邪魔をする。

だが、純也の家族の人が入ってきて、こんな状況で鉢合わせするのも気まずいだろう。

鈴森さんは、丸石を外に転がすと、ドアを閉じて鍵を掛けた。

用を足していると、家の中が騒々しくなってきた。

これは何の音だろう。

トイレのドアを、何かが小さな掌で、素早く叩いているような音。

続いて何かが一階と二階の間を歩き回る音に変わった。

鈴森さんには、何が起きているのか理解できなかった。

音はますます大きくなり、それは家中の床や壁、天井までをも踏みつけて歩いていく音へと変化した。

そして最後は、巨大なものが廊下を走り抜けて、玄関から出ていく音が響いた。

暫く続いた騒ぎの後で静まりかえった家の中を、鈴森さんは恐る恐る純也の部屋まで戻った。

戻ったよ、と声を掛けようとしたが、純也は既にゲームを片付けていた。

「もう、親が帰ってくるから。今日はおしまい。バイバイまた明日」

純也は早口に捲《まく》し立てた。

鈴森さんは彼から通学鞄を押しつけられ、半ば追い出されるようにして、彼の家を立ち去ることになった。

翌日、純也は登校していたが、いつもなら声を掛けてくるはずの彼が、全くその気配がなかった。

昨日のことがあって、腹を立てて無視しているという訳でもなさそうだった。彼は授業にも身が入らないようで、一日中ぼうっとしていた。極め付きは体育の時間である。あれだけサッカーが得意だった純也は、校庭の端に座り、試合に参加しても、全くボールに触れないでいる。

体調でも悪いのだろうか。

しかし何故みんな純也に声を掛けたりしないのだろう。それが不思議だった。

その翌日、純也は学校を休んだ。担任によれば、体調を崩したとのことだった。

また次の日も、彼は学校を休んだ。まだ体調が戻らないのかと心配していると、担任が感情の読めない顔のまま告げた。

「純也くんは、お父さんの体調が悪くなって、大きな病院に入院するので、暫く学校には来ません」

その言葉を聞いた同級生達は、全く興味がないようだった。

——何故お父さんのことで、純也が学校を休む必要があるんだろう。

そこが引っ掛かったが、別に追及する必要もないと思い、担任には何も訊かなかった。

そうしているうちに三カ月が経過した。

鈴森さんは当初の予定通り、九州を去ることになった。それまでの間、純也は帰ってこなかった。

クラスメイトも、最初から純也がいなかったかのように振る舞い続けた。

鈴森さんは、それ以降一度も九州に行ったこともなく、純也が今どうしているか、あの家が今どうなっているかなどは、全く不明だという。

居抜き

「場所は隠しといてくださいよ」

不動産屋に長らく勤務していた清さんは、口元を歪めて笑った。

川と街道に挟まれるようにして建つマンションの一階のテナントには、ラーメン屋が入っていた。

マンションが建てられたときからテナントとして飲食店が想定されており、最初に借り手が付いたのは上垣さんという男性が脱サラして始めたラーメン屋だった。店名は「うえがき」といった。筆文字で大きく書かれた店名がトレードマークになっていた。

店を出してすぐに、街道沿いでそこそこ美味いラーメンを出すというのでうえがきは人気店になった。行列ができるというほどではなかったが、アルバイトの店員を二人雇っても赤字にならない程度の店に育った。外食情報サイトでも評判は悪くなかった。

うえがきが開店から二年近く経ったある日、更新料の支払いに訪れた上垣さんは、銀行の封筒に入ったままの現金を差し出した。

清さんが手続きをしながら、世間話のついでに最近のお店の様子などを訊ねる。テナント料の振り込みも滞っていない。経営状態は問題ない。店長の人当たりも良い。長く続いてほしい店だった。

「——何かさ、最近照明器具が暗いのよ」

清さんが書類作りの手を止める。上垣さんは腕を組んで天井を見上げていた。

「あとあの店さ、女の幽霊が出るっていうんだわ」

初耳だ。店舗のオーナーは別にいるが、店自体は清さんの不動産会社の管理物件である。事故や住人トラブル、ましてや自殺などが起きれば必ず耳に入る。そもそもまだマンション自体が新築して二年半しか経っていない。

「幽霊、ですか」

「まぁね。たぶん気のせいなんだと思うけど、バイトの子達が二人とも、店に女が出るっていうんだよね」

俺は見ていないから、何とも言えないんだけどさ。

もし見ちゃったら、また相談させてもらうよ。

そう言い残して上垣さんは帰っていった。

それから一年程が経った。

住民からチラつくと報告のあった蛍光灯を交換するために、清さんはそのマンションを訪れた。交換作業を終えたのが丁度昼時だったので、ラーメンでも食べようと、うえがきの暖簾《のれん》を潜った。

「いらっしゃいませ」

上垣さんは別人かと思うほどに、げっそりと窶《やつ》れていた。声にも覇気がない。

「あ、ラーメンと餃子でお願いします」

丼が出てくるまでの間、清さんはきょろきょろと店内を見回した。平日の昼飯時だというのに自分の他に客が一人もいない。昨年一度訪れたときには、昼時にはアルバイトの子達が忙しそうに注文を取っていたが、今日は閑古鳥だ。何となく不気味な気配もする。

出る、と言われれば、そうかもしれない。

ただ、意外なことに、出てきたラーメンも餃子も水準以上だった。

「美味しかったです。また来ますね」

「いつもありがとうございます――」

それが上垣さんと交わした最後の会話だった。

「ラーメン屋の上垣さん、亡くなったそうです」

電話を受けた営業から、清さんはそう聞かされた。死因は心筋梗塞とのことだった。

十月一日の早朝に、病院に運ばれたが、結局回復することはなかった。

店主がいなければ、店も閉めることになる。脱サラした個人経営のラーメン屋となると、後を継ぐ者もいないだろう。

清さんの会社は物件のオーナーと相談の上、うえがきの設備をそのままにクリーニングだけを入れて、テナントの募集を始めた。居抜きでラーメン屋が入る需要があるだろうと見込んでのことである。案の定、半年経たずにチェーン店が入った。


それから六年経った。ある日、ラーメンチェーンのマネージャーを名乗る男性から、清さんの会社に電話が入った。

「お祓いの用意って、管理会社さんのほうに依頼できるものですか」

そう言われても事情を教えてもらわないと動きようがない。清さんは男性にそう答えた。

男性の話では、あの店舗を借りてから、既に雇われ店長が一人亡くなり、一人が行方不明になっているとのことだった。

それも丁度三年きっかり。日付まで同じ十月一日だという。

更にスタッフも二名が行方不明になっているとのことだった。

「何か隠してませんか。あの店舗って、何か瑕疵があるんじゃないですか」

静かだが、非難するような口調だった。

「調べてもらっても良いですけれど、何もないですよ」

清さんはそう答えた。事実だ。上垣さんは幽霊が出るとか何とか言っていたが、他の部屋や、隣のテナントでもそんな話は聞かない。だから何もないはずだ。

お祓いについては近所の神社に連絡を取ることにした。中途入社したばかりの営業が立ち合いをしたので、清さんはどんなことが行われたのかは直接見ていない。

それから二年経った。その間に、テナントのオーナーも亡くなっている。亡くなった日付も十月一日だった。

偶然だ。偶然に決まっている。もちろん事故物件にはならない。なるはずがない。

今、ラーメン屋には三人目の雇われ店長が厨房に立っているという。

かつてのうえがきほどではないが、店は割と人気があるらしい。

近畿某ビル

警備員の濱本さんの話。

「夜十二時以降に、屋上の階段上がる女を見ても絶対追い掛けたらアカンよ。無視してええから。もし見掛けても無視やで。それ見ても日誌に書かんと〈異状なし〉でええし」

とあるビルに派遣された初日に、濱本さんは先輩から、そう伝えられた。

どんな職場にも、噂話のようなものはある。

警備のときに生きている人間が屋上の階段を上っていれば、それはそもそも何重の警備網を突破している訳で、本来噂で語られるようなことはまず起こりえない。

だからこそ怪談が生まれ、それっぽく伝わっているのだ。濱本さんは〈おばけ〉の類はまるで信じていない現実主義者で、その時点では先輩の話をそのように解釈した。

勤務を始めて一カ月が経った。その間、特に異常もなかった。

だがある夜、巡回途中の最上階で人の気配を感じた。誰かいるのかと聞き耳を立てると、硬質な物音が響いてきた。足音だ。リノリウムの床にハイヒールか何かを履いて、ゆっくり歩いていく音。

不審者か。不審者にしては大胆だな。

そう考えながら懐中電灯を音のするほうに向けると、肩までの髪を揺らしながら、ＯＬらしきシルエットが横切っていった。

濱本さんの首筋を汗が這い落ちた。

腕時計を確認すると丁度零時だった。

絶対追い掛けるなよ。

先輩の警告が脳裏に浮かんだ。


だが、濱本さんにとっては、本物の不審者ではないことを確かめずには、心が落ち着きそうになかった。

残業中に、うっかりビルのセキュリティーが掛かって出られなくなった社員さんが、一晩仕事をしながら泊まり込むことを選んだのかもしれない。そうなると夜中にトイレに向かうことだってあり得るだろう。

現実的な選択肢の中から、可能性を一つ一つ取り上げて吟味していく。どれもありそうだったが、一方でどれも決め手に欠けている。

やはり追い掛けてみるか。一体どちらに行ったのだろう。

立ち止まって耳を澄ませると、コッン、コツンと、ゆっくり一段一段階段を上っていく足音が遠くから聞こえてきた。

頭を巡らせて方向を確認する。女性は先刻自分の前を横切った。しかし、音は背後の屋上に通じる階段からのようだった。

——いつの間に回り込まれた？

背中に冷気が張り付いたようだった。しかし、怖がっていたら警備の仕事は成り立たない。足音を潜めて階段へと向かう。

懐中電灯を階段の上のほうへと向ける。丸く照らされた踊り場にパンプスを履いた女の足が見えた。深夜にこんな所にまで来るのは、泊まり込みの社員ではない。不審者で決定だ。

どう声を掛けようかと迷っていると、ドアが開く金属の軋む音が伝わってきた。

待て待て待て待て。

汗が噴き出た。屋上に通じるドアには鍵が掛かっている。

あいつ、どうして屋上のドアの鍵を持っているんだ。

そう混乱していると、勢いよくドアの閉じる音が響いた。濱本さんは階段を駆け上がり、ドアノブに手を掛けた。何度回してもドアは開かない。鍵が掛かったままだった。

――もし見掛けても無視して。

先輩の話を思い出した瞬間に、全身に震えが走った。濱本さんは踵を返すと、全力で階段を駆け下りた。

必死に守衛室まで走り、ドアに鍵を掛ける。

この仕事を始めて何年も経つが、とうとう得体の知れないものを見てしまった。

あれはこの世のものではない。守衛室にしかないはずの屋上の鍵を、ただのＯＬが持っているはずがない。

彼は翌朝、交代の先輩が来るまでの間、仮眠用の布団を頭からすっぽり被った状態で、ベッドの陰で過ごした。


うつらうつらしていると、ドアが何度も叩かれた。

時計を確認すると交代の時間である。ドアを開けると先輩が立っていた。

「何で鍵掛けて、部屋の隅で固まってんねん?」

昨晩起きた内容を話すと、先輩は額に手を当てて、あちゃーと声を上げた。

「あー、お前も見てもうたんか、見掛けても付いていてくな言うたのに。でも、屋上の鍵開けていかんで良かったなー」

「え、何でですか。何であの女がうろついてても異状なしで良いんですか」

「理由かぁ。これ秘密なんやけどな」

先輩は何があったのかを教えてくれた。

「実はな、昔のことやけど、ここの警備にうちの会社が入ったばっかりの頃に、佐々木さんっていう年配の人が、夜勤のときに例の女を見つけて追い掛けてったんや。そんでな佐々木さん、屋上の鍵も開けて追い掛けよったんよ。そしたら、その追い掛けてった先で、女が屋上のフェンスの外に立ってて、目の前で、いきなり飛び降りたていうんや」

先輩は、机に置かれた書類ファイルに手を置くと、人が飛び降りるようなジェスチャーをした。

「下でドチャって音がして、佐々木さんが下見たら、倒れた女の周りに、街灯を反射する、水みたいなもんが溜まってたそうや。それ、もちろん血だまりやな。佐々木さん、慌てて下まで駆けて確認したんやけど、倒れた女の姿はおろか、血だまりも何もなかってん。いつも通りの乾いた道路のままや」

「見間違いやないんですか」

「まぁ焦んな。話はここからや」

よく聞けよ、と先輩は続けた。


「佐々木さん、この女見てから、夜勤の度に血まみれの女に追い掛けられるようなったそうなんや。助けてとか、痛いとか、ずっと呟きながら、後付いてくるんやと。そやから佐々木さんも怖くてノイローゼになってしもてな。夜勤のときは毎回、さっきのお前みたいに、守衛室の毛布被って隠れとったんやて」

——もうね、目の下の隈なんて、酷いもんだったよ。

先輩はそう言って遠い目をした。

「佐々木さん、もうアカンかったんやろうな。ひと月ほどで退職してしもてな。その半年後に団地の最上階から飛んでもうてな、亡くなったんや」

女が佐々木さんについていったとは言わへんよ。そんなのは分からんからな——。

濱本さんは、昨晩見た女が、巡回途中に痛い痛いと呟きながらついてくることを想像した。口のなかに苦いものを噛み潰したような感覚が広がった。

「それから、このビルで深夜零時に屋上に上る女を見ても、追い掛けんで無視するんが暗黙のルールになったんや」

「先輩、その女って、このビルで飛び降りた人なんですか」

「このビルで誰か飛び降りたとかはないねん。そやから俺らも、何もできんし、どうしようもないねん」

現在、そのビルは解体されて駐車場になっている。

ただ一つ、何処から出た話かは不明だが、その駐車場では深夜に血まみれの女性が現れるという噂がある。

顔膜隧《ずい》道《どう》

今下さんは、中学生の途中で、故郷の集落から引っ越した。その集落には渓流沿いに南北に街道が走っており、南側から集落に入る口にはトンネルがある。

トンネルの集落側の入り口には、年に一回か二回の頻度で奇妙なものが現れた。

半透明で大きな顔が描かれた巨大なシャボン玉の石鹸膜のようなものだ。それがトンネルの入り口をすっぽりと覆って風に揺れている。陽光にキラキラと輝くと、奇妙な美しさがあったが、如何せん人の顔をロードローラーか何かで轢《ひ》いて、無理やり延ばしたかのような図柄で、長時間見ていると吐き気を催した。

表情は出現する度に異なったが、同一人物の顔がモチーフになっているようだった。

現れた膜は時間とともに次第に薄くなっていき、一時間ほどで消える。

そして、このトンネルの膜は、集落でも限られた人しか見ることができなかった。少なくとも今下さんはそう考えている。

祖父が運転する車でトンネルの前まで来ると、ごく稀にこの膜がはためいていることがあった。すると祖父は必ずUターンして帰った。

子供心に、祖父には膜が見えているのだと分かった。祖父がわざわざUターンするのだから、きっと良くないものなのだろう。今下さんにとっては、膜が出ているときには、たとえ徒歩であっても、トンネルは通らないという習慣になっていた。

小学校四年生のときに、その膜を破った人を見たことがある。

夏休みの午後だった。虫捕りに行こうとトンネルの近くまで来たときに、また膜が張っているのが目に入った。

待っていれば消えるのは知っていたので、暫くそこで様子を見ることにした。

道の片側は石積みの法面。もう片側はガードレール。ガードレールの下は渓流だ。流れる水の音が耳に届いた。

信号待ちでもしているかのように、ちらりちらりと風にはためく虹色の膜を眺めていると、突然その向こう側から、原付バイクが現れた。

バイクが通り抜けると同時に膜はパチンと割れた。弾ける音はエンジン音にかき消されたのか、耳までは届かなかった。

バイクは今下さんの横をすり抜けて、集落のほうへと走り去った。

今のは山崎のお兄ちゃんだ。

彼は高校生だが、いつもバイクに乗って出掛けていく。

振り返ると、膜は消えて、暗いトンネルの口がぽっかりと開いていたが、その日はトンネルを抜けるのを止めておくことにした。

山崎のお兄ちゃんの葬式が出たのは、二日後だった。

後から聞いた話だが、彼は家に戻ると、酷い頭痛を訴えて、寝床に潜り込んだらしい。

翌朝、起きてこない長男を見に行った家族が、冷たくなっている彼を発見したという。


夏休みの終わりに、祖父と軽トラに乗ってホームセンターへ買い出しに出掛けた。例のトンネルを通り越し、橋を渡り、暫く行ったところで今下さんは祖父に話し掛けた。

「この間、山崎さんのお兄ちゃん見たよ。トンネルからバイクで出てきたときに、顔の描かれたところを破ったんだよ」

祖父にはあの顔の膜が見えているはずだ。だから突然話を振っても理解してもらえると思ったのだ。

黙ったまま、祖父は車を路肩に付けた。今下さんはどうしたのだろうかと思った。

「おい、それ誰にも言うなよ」

今下さんのほうに顔も向けず、口調も厳しいものだった。普段の優しい口調の祖父からは考えられなかった。

「ごめんなさい」

「いや、謝ることじゃない。でも、誰にも言うなよ」

それから四年経ち、今下さんは両親の都合で中部地方の地方都市に引っ越すことになった。引っ越す前日に、祖父に呼ばれた。

「帰ってくるときに、あのトンネルには気を付けろよ」

迂回して、街道を逆方向から戻ってきたほうが良いというのが祖父のアドバイスだった。

「もう何年も前になるんですが、父親が一人で帰省したときに突然死したんです。山崎の兄ちゃんのときと全く同じで、原因はあれに間違いないって、祖父は言っていました」

トンネルの顔のことは父にも伝えておいたが、彼には見えていなかったらしい。

祖父の落ち込みようも酷く、それから三カ月と経たずに亡くなった。

「もう土地も家も売ってしまったので、そこには縁もないんです。僕ももうあそこには行かないと思います」

人食い踏切

柳下さんのサバイバルゲーム仲間に、平井というお調子者の大学四年生がいた。

彼のアパートから程近い場所には踏切がある。そこは、沿線全てでダントツに人身事故が多いことで知られている。近隣の駅では、人身事故が起きて列車が遅れるとのアナウンスがあった場合、まずその踏切のことを考えるほどだ。大きな踏切ではない。幅は人が両手を広げたほどで、入り口には金属製のポールが立てられており、四輪の車両は通行禁止である。

ただ、事故が多いと知ってはいても、近隣に住んでいれば慣れてしまうらしい。平井が通う大学までは列車で二駅。駅までの最短距離はこの踏切を渡るルートである。毎日通っているのだから、そんなことはいちいち気にしていられない。


蒸し暑い夜に、ファミレスまでわざわざ呼び出された柳下さんは、平井からおかしな体験をしたのだと打ち明けられた。

それは日曜日の深夜のことで、そろそろ日付が変わろうという時刻だったという。

平井はコンビニに出掛けた。梅雨は明けたか明けていないかも曖昧で、クーラーの効いた部屋を出ると、酷く蒸し暑かった。

家から出て二つ角を曲がると、すぐ踏切だ。昼間は長閑《のどか》な光景だが、夜はブルーに輝くLEDライトが周囲を照らし出す。ブルーライトは心を落ち着かせる効果があるというが、この踏切に限っては効果があるのかどうか疑問に思えた。

踏切に入る前に、突然警報機が鳴り始めた。遮断機が下り、青い照明と赤い警報機の光が混じり合い、周囲が不気味な紫色に染まった。慣れていても流石に気持ちが悪い。

コンビニでは夜食とよく冷えた缶コーヒー、そして週刊漫画雑誌を買った。

楽しみにしている連載を読むために、コンビニの前に座り込み、缶コーヒー片手に雑誌をめくった。

平井の記憶にあるのはそこまでだという。

気が付くと、肩を揺すられていた。酔っ払ったときのように酷く眠い。目を開けるのも億劫《おっくう》だったが、肩に掛かる力が次第に強くなってきた。

仕方なく目を開くと、青い光の照らす線路の上に座っていた。アパート近くの踏切だと気づいた。スーツ姿のサラリーマンが、危ないですよ危ないですよと繰り返しながら肩を強く揺すっていた。

甲高い音で警笛が鳴り始めた。目の前に遮断機が下りていく。周囲の光景が紫色に染まる。

まだ朦朧《もうろう》としていた平井は、首根っこを掴まれ、力ずくで線路から引きずり出された。

間一髪だった。遮断機を潜った直後に、地面を揺らして列車が通過した。

——ああ、終電が通過していく。

夢の中にいるような、現実感の失われた状態から、次第に思考が戻ってきた。

もしサラリーマンに引きずり出されていなかったら、俺は今の列車に轢き殺されていたのか。

ばね仕掛けのように立ち上がると、命の恩人に何度も頭を下げて、その場から逃げるように走り出した。


「でもさ俺、どうして自分が踏切にいたか、全然理解できないんですよ」

そのときの体験を思い出したのか、青い顔をした平井は口を尖らせた。

「酔ってたんじゃないのか」

「酒は飲んでないんですよ。でも記憶がない。気持ち悪いじゃないですか」

柳下さんは脳の病気の可能性もあるから精密検査を受けたほうが良いとアドバイスした。

しかし貧乏学生には負担が大きかったようで、結局彼が病院に行ったという話は聞かなかった。

それから半年ほどして、平井は大学を卒業し、実家に戻って地元で就職した。

「柳下さん、またなんですよ」

相談を受けてから一年経った夏の夜のことだった。久しぶりに平井から電話があった。

話を聞くと、数日前にまた記憶を失って、あの踏切に迷い込んだのだという。

ちょっと買い物に行くと言い残し、家を出たところまでは記憶がある。

「お前の実家って、結構遠いんじゃなかったっけ」

電話口で訊ねると、平井は深刻な声で、そうなんですよと答えた。

気が付いたときには、百キロメートルも離れた踏切に座っていた。今度は二人の警察官に肩を揺すぶられて正気に返った。やはりその間の経緯は全く覚えていない。

何処で失くしたのか、免許証などを入れた財布すら持っていなかった。警察に実家への連絡を頼み、父親に車で迎えにきてもらったのだという。

今度こそ脳の検査に行ったほうがいいと繰り返して電話を切った。

更にそれから二年経った頃のことである。柳下さんは出張で平井の地元に出掛けることになった。最後の電話以来、彼からは一切連絡がない。

もし本当に病気が見つかって大事《おおごと》になっているのなら、サバイバルゲーム仲間から噂の一つも聞こえてくるだろう。それもないということは、誰にも連絡を取っていないということだ。

友達甲斐《がい》のない奴だと思いながら電話を掛けると、電話口に出た彼の口調は、以前のお調子者のものではなかった。

暗く、憂鬱な口調でぼそぼそと喋る。

どうした。何かあったのかと訊ねると、平井は、ははは と自嘲するように笑った。

「あのあと、精神的に色々ありまして。もう今は大丈夫なんですけどね」

「本当かい。久しぶりだし、もし都合が付くなら、そちらの地元で会えないかと思ってさ」

柳下さんは、平井の口調が余りにも変わってしまっていることに戸惑いを禁じ得なかった。そこで気遣うつもりで、でも大変ならいいんだぞと声を掛けたが、彼は大丈夫大丈夫と繰り返した。それは努めて明るく振る舞おうとしているように聞こえた。

「お世話になった柳下さんなら歓迎ですよ。でもびっくりしないでくださいね」

何か驚くようなことがあるのだろうか。

待ち合わせた駅前のロータリーで、老いた父親の運転する車から降りてきたのは、車椅子に乗った平井だった。

それはどうしたんだと訊ねると、下半身不随だという。

だが、柳下さんが訊ねても、理由は教えてもらえなかった。

ただ、別れ際に平井は達観したかのように、表情一つ変えずに呟いた。

「これはこれでよかったんですよ。だってこの身体になったことで、俺はあの踏切に二度と立ち入れないようになったんですから」

飛び出し人形

「僕、飛び出し人形嫌いなんですよ」

若山さんは顔を顰《しか》めた。

飛び出し人形とは、子供を象《かたど》った交通事故防止看板である。子供の姿をしているのは、ドライバーに子供の飛び出しを注意喚起するための工夫だろう。


彼の祖父の家は、過疎化が進んだ山間の集落にある。かつては祖母も一緒に暮らしていたが、数年前に突然死してしまった。それ以来、祖父は一人暮らしだ。息子である若山さんの父は同居を誘い掛けたが、老い先も短いし、住み慣れた集落で過ごすと、祖父は首を横に振るばかりだった。

そこで若山さんは父親に頼まれて、ひと月からふた月に一度、週末に祖父の家へと顔を出している。都市部に住む若山さんの家から、祖父の家までは車で一時間ほど掛かる。免許も返納してしまった祖父のために、食材やら何やらの買い出しを頼まれることもあれば、力仕事の手伝いをすることもある。訪れる際には一泊することも多い。

ある頃から、祖父の家の軒先に飛び出し人形の看板があるなとは気付いていた。その周辺では、飛び出し人形の看板は一般的なものらしく、街中でも祖父の住む過疎の進んだ集落でも、よく姿を見掛けた。

祖父の家に若山さんが滞在中のことだ。

夕飯の最中に、家のすぐ目の前で木が裂けるような音がした。何事かと思って確認に出てみると、老人が軽トラから降りてくるところだった。どうやら切り返しか何かの途中でハンドル操作を間違えたのか、家の前にある飛び出し人形の看板を、軽トラの後輪が巻き込んだらしい。

看板は合板製の古いものだったので、ひとたまりもなかったようだ。描かれた子供の首の下で半分に折れている。

遅れて家から出てきた祖父は、事故を起こした運転手と顔見知りのようだった。

「何だよ山さんかよ」

「すまんなぁ。巻き込んじまったみたいでよう」

「いいよいいよ。今度から気を付けてくれればいいよ」

若山さんは、折れてしまった飛び出し人形を、納屋に持っていってくれと頼まれた。

頼まれた通り納屋に運んでいき、建物の裏に壊れた看板を立て掛けようとした。すると、そこには何体もの壊れた飛び出し人形が廃棄されていた。

どうして、こんな数の人形が棄ててあるのだろう。

それから今まで注意していなかった、軒先の飛び出し人形の絵を意識するようになった。すると、祖父の家を訪問する度にデザインが変わっているように思えた。納屋裏に廃棄されている飛び出し人形には、様々な種類があった。もちろん似たものもあるが、性別からして違うもの、アニメのキャラクターを模したようなものまであった。

祖父は何処からこれらの看板を持ってきているのだろう。そもそも家の前に飛び出し人形を置いている理由からして不明である。

事故が起きる度に、繰り返し設置しているのだろうか。

だが、置かれた飛び出し人形も、どうも新品とは思えない。拾ってくるのか、それとももらってくるのか。出どころもよく分からない。

若山さんは、もし新品で入手するとすれば幾らするのかを調べてみた。すると数千円は掛かることが分かった。中古だとしても十枚や十五枚という数になれば、まとまった金額になる。

そこではたと気が付いた。祖父が住んでいる周辺には、特に家に子供がいる訳でもなく、通学路になっている訳でもない。過疎で老人ばかりになっている集落だ。だからそもそも飛び出すような子供がいない。

祖父は何のためにこんな徒労のようなことを繰り返しているのだろう。

翌月、祖父の家に顔を出すと、軒先の飛び出し人形が倒れていた。支柱の部分は無事だが、看板の頭の部分が破れており、明らかに車で引っ掛けられたものだ。

片付けようとしていると、祖父が出てきた。

「ゆうきがまたやられたかぁ」

何げなく呟かれた言葉を耳にして、若山さんははっとした。

——ゆうきって何だ。それは自分の名前ではないか。

若山勇気が彼の本名だ。そうなると、祖父は孫の名前を飛び出し人形に付けているということだろうか。嫌な気分だった。もちろんただの聞き間違いかもしれない。

「来てたのか」

「うん」

破れた合板を手に持った孫に、祖父は声を掛けた。淡々とした、感情の読めない声だった。

夕飯時に、祖父と二人きりの食卓を前に若山さんは祖父に訊ねた。

「じいちゃんさ、家の前の飛び出し人形に、名前付けてるの」

「あぁ」

「さっき、ゆうきって言ってたじゃない。あれ、俺の名前だよね」

「そうだな」

「何で俺の名前を飛び出し人形に付けてるのよ」

だが、祖父は答えなかった。質問に答えないということは、肯定しているのも同じではないか。

嫌な気持ちがますます大きくなってきた。

そもそも何故家の前にあの人形を置いているのか。まるで理由が分からない。

「どうして、家の前に、飛び出し人形置くことにしたの。ばあちゃんが生きてたときには、飛び出し人形なんてなかったよね。家の前で大きな事故とかがあったのかい」

やはり祖父は何も答えなかった。

その夜、若山さんは祖父の家に泊まらずに自宅に戻った。

深夜帰宅して、顛末《てんまつ》を父親に告げると、彼は祖父が認知症ではないかと心配した。

そう指摘されてみると、祖父に何か悪意があったようには思えない。病気のやらせているることだとすると、昨晩の対応は大人気なかったか。

若山さんは反省した。

「どちらにしろ、早いうちに病院の診断を受けさせたほうが良さそうだな。明日は俺が様子を見てくるよ」

父親は若山さんを、いつもありがとうな、と労《ねぎら》ってくれた。


翌晩深夜に祖父の家から帰宅した父親は、若山さんを呼んだ。

「確かに家の前に真新しい飛び出し人形があったよ。親父とも話をしたけど、元々は誰か知らない人が設置したらしくてな。あとは使い古しの飛び出し人形を、まとめてもらってきているそうだ」

お前が嫌な気持ちになるのは理解できる。そう父親は慰めてくれた。

「親父が通っているお医者さんにも話を聞いたけど、時々不思議なことを言うけれども、頭もしっかりしてるし、受け答えもちゃんとできているから安心しろと言われた。ただ、何故お前の名前なのかは、親父にもよく分からんみたいだ」

やっぱり何処かボケてんじゃないかなぁ。

父親は笑ったが、何処か寂しそうだった。

若山さんもこの一件は水に流すことにした。こんなことで拗《す》ねるのも大人気ない。

二週間後に、また祖父の家を訪ねた。

すると、祖父は若山さんのことを待っていたようだった。

「この前はすまなかったな」

「いいよ。別に看板に俺の名前付けられててもどうってことないし。じいちゃん一人だと寂しかったのかなって思ってさ」

軽口で返したが、祖父は真面目な顔で首を振った。

「最初は誰が置いていったか分からなかったんだ。ただ、その飛び出し人形には〈ゆうきくん〉と名前が書かれていた」

誰が置いていったのか、それすらも一切不明。ただ撤去するのも億劫で、そのまま放っておいた。すると、それからひと月ほどして、その看板に車が突っ込んだ。

幸い運転手は無事だったが、飛び出し人形の顔の部分が大破した。祖父は嫌な気持ちになったが、それと同時にこれは孫の身代わりになったのではないかと直感したという。

飛び出し人形が事故を引き受けたおかげで、孫は死なずに済んだ――。

だから代々の飛び出し人形に〈ゆうきくん〉という名が引き継がれたのだという。

だが、翌日になると、誰の仕業なのか、また〈ゆうきくん〉と書かれた看板が家の前に設置された。

それ以降は、三カ月から半年ほどに一回ほどの割合で、狙ったかのように車が突っ込むようになった。門のすぐ目の前。歩道の内側に設置しているのに、何故か毎回そこを目指しているかのように車が突っ込む。

当然ながら、毎回看板は大破する。事故を防止するための看板が、事故を呼んでいるかのようだった。

そして、その頃には、もう祖父自身が看板を交換するようになっていた。もし、飛び出し人形が孫の事故の身代わりになっているのであれば、止めてしまったら孫の命に関わるかもしれない。そう思ったからだ。そして最近は小さな事故も含めて、ひと月に一度ほどの頻度になっている――。

若山さんは、そこまで聞いて祖父の話を遮った。

「話を聞くとさ、そもそもあんなものがあるから事故になるんじゃないの」

祖父が心配してくれたのはありがたかったが、それに縛られてしまって、事故を呼び込んでいるのは祖父自身ではないのか。確かに昔から不思議なことを時々口走る祖父ではあったが、これでは根拠のない迷信を、ただ盲信しているようなものではないか。

するとと、祖父は悲しそうな顔をした。

「今はもっと酷いことになっていてな。とにかくそれを置いておかないと駄目なんだ」

「何が起きるのか分からないけど、俺も交通事故には注意するからさ、大丈夫だよ」

「違うんだ」

「何が違うんだよ。とりあえず、いったんあの人形は庭に置こうよ」

自分の名前が付いている人形に、車が突っ込まれるのは嫌だった。事故の度にお金を出して看板を設置するのもばかばかしい話ではないか。

若山さんは飛び出し人形を庭に退避させた。


翌週、祖父の家を訪れると、衣紋掛けに喪服が下がっていた。聞けば、集落で葬式が出たという。

「前もそうだったんだ」

祖父は苦しそうな表情を見せた。

「今まで元気だった人が、朝には冷たくなってしまうんだ。それはこの集落には、時々黒い人が徘徊しているからだ」

突拍子もない話に、若山さんは祖父が何を説明しているのか、即座には理解できなかった。

「その黒い影を、ここらじゃカゲヌシと呼ぶんだけどな。そいつが家の中に入ってくると、翌日に葬式が出るんだ。ここではずっと昔からそうなんだよ。おばあさんが亡くなったときにも、そいつが家の中に入ってきたからな」

祖父はそう捲し立てると、あの看板は、身代わりになってんだよと呟いた。


祖父は、何年か前に、カゲヌシが道に立っていたのを見たのだと切り出した。

それは、きょろきょろと何かを探している様子だった。

きっと、次の犠牲者を探しているのだろう。また葬式が出る——そう思った直後だった。

カゲヌシは、じわじわと動き始め、祖父の家に近づいてきた。

まさか、次は我が家か。

自分が死ぬのか。

逃げ場がないのは知っていた。カゲヌシから逃れようとして集落を捨てた家族も知っている。しかし、遠く離れても翌朝には冷たくなっていたらしい。

だが、カゲヌシは、〈ゆうきくん〉を覗き込むようにじっと見つめると、溶けるように姿を消した。

翌日、突然死した者は一人もいなかった。

「だからあの飛び出し人形は、俺は何かの身代わりになってくれてるんだと思うんだよ」

俄《にわか》に信じられる話ではない。しかし、祖母の死因や今回の葬式のことを考えると、ただの偶然とも思えない。

祖父は不思議なものを見ているのだ。

これを偶然と断じて放置するのはどうか。人の命が掛かっているのだ。

若山さんは、黙って庭から飛び出し人形を移動し、今まで通り家の前に設置した。


やはり、一カ月に一回ほどの割合で、家の前での事故は大なり小なりに続いた。

その度に〈ゆうきくん〉は交換された。

秋になったある日、大きな台風が来るというので、〈ゆうきくん〉にブルーシートを被せてぐるぐる巻きにした。そして飛ばされないようにロープで門柱に縛りつけた。

「これで台風でも大丈夫だと思うよ」

祖父にそう告げて、若山さんは帰宅した。

それから暫くの間、仕事で出張が重なり、祖父の家を訪問できなかった。その間は父親が対応してくれた。

ふた月ほどしてから、祖父の家を訊ねた。

すると門柱には、まだブルーシートをぐるぐる巻きにされたままの〈ゆうきくん〉が縛りつけられていた。

「おお、勇気。台風以来、一回も事故が起きなくなったんだ」

祖父は笑顔を見せた。久しぶりに見る祖父の笑顔だった。

カゲヌシは、ブルーシートを被っていようがお構いなしのようだ。

それ以来、車は看板に突っ込まなくなり、幸いカゲヌシに起因する葬式も出ていないので、そのままにしている。


それから十年経ち若山さんの祖父も亡くなったが、例の看板はまだ、ぼろぼろになったブルーシートに巻きつけられたまま、空き家になった家の前に置いてある。

今は若山さんの父親が、相続したあの家と土地を売ることを計画しているが、その後でどうなるのかは、まるで分からない。

風説の流布

「これね、反社の石井って奴から、絶対他人に話すなって念押しされてた話でして。俺からバレたって分かったら、俺もお前も消されるからって口止めされていたんです。でも奴さんの顔を見なくなって何年も経ってますし、まぁ時効ですよね」

その当時、神奈川県でバーを経営していた秋元さんは、知り合いの石井という反社会組織の構成員から聞いたという話を教えてくれた。

平成の半ばまで、某私鉄のとある駅前には一軒の不動産屋があった。

その店は、石井の所属するヤクザの組事務所が経営しており、また近所には同じ事務所が経営する土建屋もあった。どちらの店も、組の幹部の一人が代表を務めていた。

「バブルの頃に、そういう小さい不動産屋が沢山できたんですよ。で、石井はそこの事務員をやっていた訳です。まぁパートさん以外は皆組員っていうおかしな店ですよ」

どうやら彼は役所のほうにも顔が利いたらしく、大きな仕事を定期的に受注していた。裏で色々と仕込みも行っていたようで、その当時は大変羽振りが良かった。だが、当然のことながら、周囲にある古くからの真っ当な不動産屋からは、煙たがられていた。

「でね、そこは土地転がしが得意でね。いい土地があると目を付けて、金をじゃぶじゃぶ突っ込んで買い漁る訳ですよ。最終的に一続きの大きな土地にして、マンション用地やショッピングモール用地として売りつける」

役所から色々と融通してもらっていても、当然そんな商売をしていることが知られると、首を縦に振らない地権者が出てくる。

すると〈奥の手〉を使うのだという。

その店が得意としていたのは、風説の流布だった。つまり、ありそうなことに聞こえるが、実際には全く根も葉もない噂話を流して、不動産の価値を左右するというのだ。

「そんなことができるもんですか」

秋元さんは、目を丸くして石井に訊ねたという。

「できるんだよ。うちならね」

石井は即答した。

「これについてはオジキが凄いんだ。怪談話をでっちあげたりね。これは坊主とグルになると効果的でな。あとは娘がいたら娘が暴行されて妊娠した、みたいな話を流す。人は近所の目に弱いからね」

そういう弱いところを突くのは、俺達の仕事だしね——。

石井は下衆な表情を見せると、げらげらと笑った。

そのオジキとやらは、噂話で人を左右する腕を買われてのし上がったのだという。噂話と疑心暗鬼で人と人とをいがみ合わせる、人を失脚させる、感情を弄ぶ。自殺を促す。それこそ自由自在なのだという。

「どんな世界にも達人ってのはいるものなんですねぇ」

俺は達人なんてものは、ついぞなれませんでしたけどね。そんな達人になんて、これっぽっちもなりたくないですよ。

秋元さんは後ろ頭をぼりぼりと掻《か》いた。


石井が秋元さんの店でそんな話をしてから半年ほど経った。急にその不動産屋が店を畳んだ。そういえば石井の姿を駅前で見掛けなくなって久しい。

——何かヘマでもやらかしたのだろうか。

しかし、ヤクザを心配するほどお人好しなことはない。

だが、更に一年ほど経った頃に、石井がふらりと店に顔を出した。

「お久しぶり。元気にやってるかい」

そう笑う顔は、以前店に来ていた頃と比べて、明らかに窶れ、目の下に黒々と隈が浮いていた。そのことを指摘すると、「色々あったからね」と自重気味に笑った。

カウンターのスツールに腰掛けた彼は、最初から速いペースで強い酒をストレートで飲み始めた。

一時間ほどして、目の焦点が合わなくなった頃に、あの不動産屋が潰れたのは、オジキのせいなんだよと口を滑らせた。

「喋っちゃダメだよ。これ秘密なんだから」

ぶつくさと呟いてはグラスを呷る。

「これ言ったら殺されちゃうからね」

独り言を呟き続けた挙句に、彼は秋元さんをじっと見て口を開いた。

「今、この店に俺しかいないから言うけどさ、オジキは死ぬ前に錯乱したんだよ」

「――」

「ベッドの周りを吐き気のするような姿の鬼が踊っているって怯えるんだ。鬼は膝くらいの背で、ツノの生えた豚みたいな顔してんだよ。身体中がイボとひび割れだらけ。手も足も長さが不揃いでね。身体中から黄色い膿《うみ》を垂らしながら、へらへら笑うんだぜ――」

石井の手が小刻みに震えている。

オジキとやらが見たものを、この男も見たのか。

「鬼には言葉が通じないみたいでね。大声で何度あっちに行けと言っても聞かないんだ。起きていても寝ていても、身体にまとわりついてくる。どろどろの臭い膿をなすりつけてきやがって、本当に吐き気がするよ。それで、オジキの最期は吐いたものが気管に詰まっての窒息死だった」

「それでお店を畳む羽目になったんですね」

もう早く帰ってほしかった。

「――それだけじゃねぇのよ。他の社員も次々に鬼を見るようになってさ」

片手に余る数の人間が錯乱し、死に際に〈鬼を見た〉と遺して息を引き取った。

「俺の弟分も鬼に憑かれた挙句に死んじまってね。で、俺もこの間から視界の端々に小さい鬼が見えてるのさ。さっきもちらちらしてた。まだ俺に抱きついたりはしてこないのが救いだけどね。もう時間の問題さね」

「怖いこと言わないでくださいよ」

「オヤジも鬼にやられちまって、今は病院だ。意識があると、鬼だ鬼だって暴れるから、鎮静剤打たれてずっと寝てる。だから、もう最後に残っているのは俺だけなんだよ」

石井は嗚咽《おえつ》を上げた。

ぼろぼろと涙を流して、カウンターを繰り返し拳で叩いた。

「畜生。どうして俺なんだよ。オジキが悪い噂を流していた祟りだってよ。オジキは何の虎の尾を踏んだってんだよ」

怖えよ。怖えんだよ。死にたくねぇんだよ。畜生。臭ぇよ。来るなよ。寄ってくるんじゃねぇよ。臭ぇ——。

石井は震える指で、ジャケットのポケットから、皺《しわ》くちゃの一万円札を三枚取り出した。

「釣りはいらねぇよ。また来るからよ」

そう残して、逃げるように店から出ていった。

その週末の町内会の集まりで、秋元さんは、例の組が解散したという噂を耳にした。

石井が何処に消えたかは、まるで掴めない。

秋元さんも店を畳んで、今は年金生活である。

「もう何年も経ってますし、これはもう時効ですよね」

あの店で悪いことやってた男が帰ってくるはずがないもの。だから時効ですよ。

セイレーン

六本木のニューハーフパブでママをしていたという年配の方に教えてもらった話。

彼女の店は〈セイレーン〉という名前だった。セイレーンとは、上半身が人間、下半身が魚という、所謂《いわゆる》西洋の人魚伝説に登場する魔物である。この魔物は、岩礁から美しい歌声で水夫達を惑わし、遭難や難破させたりするという伝説を持っている。

その店は、この恐ろしい名前の通り、人魚をモチーフにした店だった
「アンデルセンの童話に登場する人魚姫はマーメイドで、コーヒー屋さんのロゴにあるのがセイレーン。それでね。セイレーンは歌を聞かせるのよ。聞いた水夫は海に飛び込んで死んじゃうの。だからね、うちの子達の魅力に引っ掛かったら、それはそれは恐ろしい目に遭うのよ」

そう笑うママは、かつて所属していたキャストの話を教えてくれた。

往年のセイレーン店内には、人魚モチーフの人形が何体も飾られていた。

人形は店のキャストをモデルにしたもので、店の常連だった名の知られた人形作家の作ったものだった。

人形は女性らしさの強調された美麗な顔立ちをしていたが、それを見た人の多くは違和感を感じたという。どの人形も胸が平らで腰が細かったからだ。ニューハーフのキャストをモデルにしているため、身体は男性のままなのだ。

ただ、その中に一体、女性のように胸が膨らんだ人魚像があった。

「そのときはね、お店に若いキャストがいたのよ。よく通る歌声の可愛い子でね。いつだって一生懸命。周囲の子達にも可愛がられていてね。今思い出しても本当にいい子だったのよ。その子が常連のお客様に恋をしたの」

それは、その界隈ではよくある話だという。しかし、よくある話が常に幸せな結末を迎える訳ではない。

相手は若い実業家で、優しく、マスクも良く、お金も持っていた。

その子は、自分よりも一回り上の彼氏に夢中になった。

若さ故に、キャストは自分の持てる全てを彼氏に捧げた。

最初は女性ホルモン注射を中心として、バストに脂肪を付けていった。

しかし、彼氏がより大きな胸を希望したため、豊胸手術を行った。シリコンバッグを胸部に注入して人工的に胸を作ったのだ。

更にタイまで旅立ち、性転換手術まで一気に進めてしまった。

全ては彼氏のためを思ってのことだった。しかしその思いは裏切られることになる。

一年と経たずに、彼氏に振られてしまったのだ。

他の店の他の子のほうが可愛かったから。

同じ言葉をその子に囁いているのかと思うと、身が捩《よじ》れんばかりだった。


性転換手術は不可逆だ。進むことも戻ることもできなくなったその子は、絶望の余り熱海にある錦ケ浦から身を投げた。

現在でも錦ケ浦は自殺の名所だ。以前よりはだいぶ減ったが、地元の新聞には、年に何度か、崖上から海へ飛び込んだという記事が載る。

身を投げると、潮流の関係でなかなか上がらない。

その子が海に飛び込んだという知らせが店にもたらされたのは、遺体が発見されてからさらに数日後のことだった。

無断欠勤が続いているだけだと信じていたが、キャスト達は最悪の形での結末に意気消沈した。

だがママだけは、その結果を聞いて予想が当たったと思った。それは数日前に店の開店準備をしている最中に、その子の姿を見掛けたからだ。


無断欠勤を続けていたその子は、店の入り口に立っていた。

悲しげな顔で、全身はずぶ濡れだった。

「あなた、どうしたの。そんなにずぶ濡れで。そんな所に立ってないで中に入っておいでなさいよ」

ママがそう声を掛けたが、その子は何も答えずに、すうっと姿を消した。


「あの子、きっと最後に何か伝えたかったんだよね。言ってくれてもいいのに」

ママが体験を語ると、キャスト達は皆、その話を聞いて嗚咽を漏らした。

その子をモデルにした人形の胸が膨らみ始めたのは、その直後からだという。

一時は店内が悲しげな空気に包まれていたが、そこは六本木という土地柄と水商売という職業柄もあり、その空気も次第に薄まっていった。


そして一年経った。

開店準備をしていたママの元に、再びその子が姿を現した。

一年前と同様に、全身ずぶ濡れだったが、今度は嬉しそうな顔をしていた。

「何が嬉しかったのかよく知らないけど、嬉しいことがあったのならよかったわ」

キャストにそう告げてから店を開いた。

だがその日やってきた常連の口から、彼女を振った実業家が伊豆の海でボートから落ちて亡くなったという話を耳に挟んだ。

その話を聞いて、あの子が嬉しそうだった理由が理解できた。

「だって、あたしもキャスト達も、皆セイレーンだものね。歌声を聞いたら海に飛び込みたくなっちゃうのよ。あの子、きっと熱海の海で歌ったんだわ」

——それがどんな歌だったのかなんて、今となっては、もう全然分かりっこないんだけど、きっとそうに違いないわよ。

そう嘯《うそぶ》くママは、何年か前に店を畳んだ。

しかし、そのキャストをモデルにした人形は、今も自宅に大切に飾られているという。

虎縞

朋子は高校時代に高田さんの同級生だった。

彼女は同級生の中でも、整った顔立ちをしていた。彼女に憧れる男子もいたが、朋子は同級生を一切相手にしなかった。

高田さんはそんな彼女と委員会活動で会話を交わすようになった。どうも会話の端々に、世の中に対して斜に構えているところが見え隠れしていた。

最初から一貫して、面倒くさい女という印象を持っていた。惹かれてはいたが、決して深入りしないことに決めた。

親しく話す同級生はいたようだったが、その後のことを考えると本当の意味での友人はいなかったのかもしれない。


彼女は高校二年の二学期から、学校で繰り返し問題を起こすようになった。その結果、同級生全員から避けられることになった。

切っ掛けは援助交際だった。そして、彼女と繰り返し関係を持っていた援助交際相手が二人いたことも、問題が大きくなる要因だった。

相手の一人は新宿にシマを持つ組のヤクザとのことだった。高田さんをはじめとする数名は、男性の顔を知っていたが、名前は誰も知らなかった。彼は校門の目の前に黒塗りの車を停め、朋子を呼び出せと騒いだ。

これが決定的だった。見るからに筋ものと分かる風態の男が、朋子のクラスと名前を大声でがなり立てたのだ。

騒ぎの結果、彼女は一週間の自宅謹慎処分となった。所謂停学である。

停学が明けた後に、彼女は学校で孤立した。今まで放課後になると一緒に行動していた友人達が、真っ先に後ろ指を指すようになった。

「ヤクザと関係あるってヤバくない？」

「俺らも朋子と友達とか言ってると、ヤクザに攫《さら》われちゃうかもしれないぞ」

朋子は違う世界の人、という認識が瞬く間に学年中に広まった。高田さんも朋子から距離を置くようになった。

そして高校三年生になると、彼女は繁華街で深夜に繰り返し補導されるようになった。その頃には、もう誰も学校で彼女に関わろうとする者はいなかった。

更に二学期の終わりには、彼女の交際相手を名乗る酒井という男が、高校の敷地に入り込み、朋子のことを生徒に訊ね回った挙句、授業中の教室に入り込んで奇声を上げた。朋子の知り合いの何人かは酒井の顔も知っていた。高田さんも男の顔に覚えがあった。しかし、交際相手というよりは、朋子のストーカーという認識だった。交際していると思っているのは本人だけだろう。

これは警察も出る騒ぎになった。

その後は朋子の両親も何度となく高校に足を運び、娘のことを相談していたようだが、問題行動の止まない彼女は、とうとう卒業間際の三学期に退学になった。

噂では、今までの二年間を通じて、援助交際で二百万円以上を稼いでいたことが、学校側に発覚して大きな問題になったらしい。

後に彼女の両親は離婚した。朋子と生活することを両親は共に拒絶、彼女は以後の人生をずっと一人で生きていくことになる。

「卒業式に、朋子来てたよね」

卒業式後のパーティーで、何人もの同級生が同じことを指摘した。もちろん退学になった生徒が卒業式にいるはずはない。

「高田、最近朋子どうしているか知ってるか？」

「知らないよ。退学になって引きこもっているって話だったけど、誰か街で見たことあるの？　恥ずかしくて、同級生が沢山いるところには出てこれないっしょ」

「あたし達の見間違いだっていうの？」

女子の何人かは、絶対に見たと言って引かなかった。

——どうでも良いじゃないか。

それよりも、高田さんにとっては気掛かりなことがあった。

昨晩、横浜で朋子が風俗店に勤め始めたという話を聞かされたばかりだったのだ。

話を教えてくれたのは、加藤という元バイト先の先輩だった。彼は関内にある風俗店のマネージャーをしている。

「高ちゃんさ、前に友達に朋子って子がいるって言ってたじゃない。そうそう。写真も見せてもらったあの彼女。あの子、一週間くらい前からお店に入ったんだけどさ。あの子、大丈夫？」

「大丈夫も何も、裏にヤクザがいるかもしれませんよ」

そう答えると、先輩はなるほどねと納得したような声を上げて、通話を切った。

違う。

たぶん先輩が訊きたかったのは、そういうことではない。

彼女の精神状態が大丈夫なのか、と訊きたかったのだろう。

大丈夫なはずがない。

一度壊れてしまったものは、もう取り返しが付かないからだ。


「ねえ、高田くん。ねぇってば。聞いてるの？」

女子の一人に肩を揺すられて我に返った。

「高田ってさー、朋子の彼氏じゃなかったの？」

「馬鹿かよ。ヤクザ相手に援交してる奴を彼女にするとか、あり得ないだろ」

「だよねー」

彼女は何がおかしいのか、大きな声を上げて笑った。

――そうだ。

彼女は何で援交なんて始めてしまったんだろう。

何が彼女に足りなかったのだろうか。

だが、考えても分かるはずがない。だから高田さんは考えるのを止めた。


半年ほどして、また加藤先輩から電話があった。

「あのさ、朋子関係なんだけど、高ちゃん酒井って野郎知ってる？　何か凄く彼女に執着しててさ。お店で暴れたから、出禁にしたところなんだけど」

それが朋子の高校時代の援交相手で、その後でストーカーになり、高校時代からずっと朋子のことを追い掛け回している野郎だと伝えた。

「そっかぁ。そんで、高ちゃんは、朋子のこと見に来たりしないの？」

先輩の口調が、何かを試すように変わった。

「――いや、やっぱ行けないっすよ」

「高ちゃんは真面目だねぇ。朋子は、同級生が来た後は凄く荒れるんだよね。あのとき助けてくれなかった奴に、どうしてこんなことしなくちゃいけないんだって、何かに取り憑かれたみたいに暴れるんだよね。心当たりある？」

「その酒井のことっすよ。あいつ、学校に来たりして問題起こしたんですよ。俺ら嫌がらせとかされたくなかったから、朋子と距離置いちゃったんで」

トラブルに巻き込まれたくないのは当たり前だ。

自分が悪かったのではない。

「今も駅で待ってたりするみたいだし、どうしたものかねぇ」

「いやー、俺にはよく分かりません。すんません」

同級生の男達は、何処から聞きつけたのか、朋子の元に通ったりしているらしい。

興味本位か、憧れか、蔑《さげす》みか。

関わり合わなければ、トラブルは向こうからやってこない。

君子危うきに近寄らず。


更にその一年後に、彼女は大手の風俗雑誌に載った。

彼女が二十歳になった月だ。

地域人気ナンバーワン、と見出しが付けられていた。本名とは似ても似つかない源氏名だったが、店の名前と、化粧で盛った整った顔は、他人とごまかせるものではない。

同級生の間で、朋子の噂が再燃した。

そして、その雑誌に載ったという噂が彼女を知る者達の間を走った頃から、彼女は同級生の元に姿を現すようになった。


同窓会の前に待ち合わせた五人組の元に、朋子が現れたのが最初だった。

熊倉という男が、朋子って奴がいたよな、という話を始めた途端に、彼の席の後ろに、朋子が立った。

高校当時の面影を残しているが、寒気がするような美人になっていた。

黙ったまま五人を見下ろす彼女は、まるでフィルムの上に描画されているように平面的だった。

奥行きがないのだ。

「おい、何か俺の後ろにいるのか」

周囲の只事ではない視線に気が付いた熊倉が振り返ろうとすると、朋子はすっと隣の席の女子の背後に移動した。一瞬のことだった。

順番に五人全員の後ろに立った。

一周。二周。その間、五人は無言のままだ。恐怖で身じろぎもできない。お互い目だけをきょろきょろと動かして朋子の様子を追うだけである。

全員の顔から血の気が引いていた。

耐えられなくなった女子の一人が泣き出した。

その直後、朋子は消えた。


同窓会では朋子の話題一色だった。

「あれって朋子の幽霊なの？　あいつ死んだの？」

感情的になった女子が大声を上げた。

「死んでないはずだぞ。店にはまだいるし」

「店って何よ!?」

阿鼻叫喚《あびきょうかん》というのだろうか。泣き出す女子が多数いる中、高田さんは朋子のことを考えていた。

五人が同時に見ているのだから、間違いはないはずだ。それとも集団ヒステリーという現象だろうか。

もし事実だとすると、現れた朋子は何だ。

加藤先輩の情報によれば、今の時間なら彼女は店に詰めて客を取っているはずだ。

——生き霊、という奴なのか。

高田さんがとりとめのない考えを弄んでいると、店の一角から悲鳴が上がった。

そちらに視線を向けると、朋子が立っていた。

二年以上会っていないが、見間違えるはずはなかった。

だが店は貸し切りで、彼女が入ってくる余地はないはずだ。

現れた朋子は、店を横切り、テレビの映像が消えるように、ぷつりと姿を消した。

これで目撃者が三十人は同時に出たことになる。

同窓会以降も、朋子の話をする同級生の元に、彼女の生き霊が現れた。必ず現れる訳ではない。

人混みの中によく似た姿を見つけることが多いようだった。その後、すっと消える。彼女が声を発することはない。こちらからの声にも反応することはない。

そして同級生以外には見えないらしいということ。

これらは体験者全員に共通しているようだった。


高田さんは、何か集まりがある毎に、元同級生達から、朋子の話を聞かされ続けた。

「彼女、凄い綺麗なんだけど、あの目が怖いよね」

「朋子、あたし達に恨むようなことがあったのかしら。友達だったんだから、言ってくれれば良いのに。ね、高田くん」

高田さんに声を掛けたのは、ヤクザが学校に現れたときに、いち早く朋子との関係を解消した、鈴木という女子だった。

「何を伝えに出てくるのかしらね」

悪意は時に無邪気さを装って現れる。

――鈴木、朋子はお前のことを恨んでんだってよ。

だが、そんなことを今更掘り返したところで、鈴木には青天の霹靂《へきれき》だろう。

朋子が援助交際を始めたのは、鈴木達の気まぐれでハブられたから。

苦しくて辛くて、今でも彼女達を恨んでいるというのは、先日加藤先輩から聞いて知っていた。

最近は、高校時代のことを思い出して暴れるのだという。

ボタンの掛け違い。そう言ったら怒られるだろうな。

俺も自分の弱さに負けたんだ。自分が朋子から恨まれているのは分かっている。

同級生の男子達のように、朋子のところに自分が会いに行かないのは――謝りに行かないのは、やっぱり自分が弱いからだ。

後ろめたいからだ。

怖いのは朋子の生き霊ではない。

あのとき、彼女が助けを求める視線を無視した自分自身だ。

高田さんは、加藤先輩から逐一朋子のことを知らされていた。

先輩が何故朋子の状態を教えてくれるのか、よく分からなかった。

朋子は加藤先輩の店で、年収一千万円超が数年間続いているらしい。

しかし、あるとき、店を暫く休んだ後に、左肩から手首までの刺青《いれずみ》を入れて現れたという。タトゥーではなく和彫りだ。図柄は般若《はんにゃ》だった。

「刺青はさぁ、嫌がる人が多くってねぇ。うちの店でも禁止してるんだよ。俺のほうもお客さんから聞いてさ。結局彼氏の希望だったらしいんだよね」

加藤先輩の店を退職したとなると、今後彼女の動向を知る術はない。

「高ちゃんさぁ——」

電話口の加藤先輩の声が、冷たいものになった。

「お前、何で彼女のこと、迎えに来なかったんだよ」

——意気地がなかったから。怖かったから。

すぐに思い浮かんだその言葉を口に出すことができずに、高田さんは黙ったまま電話を切った。


「凄い格好だよね」

「え、何のこと」

「朋子よ朋子。朋子の格好が変わってるのよ」

聞けば、引き続き朋子の生き霊は出続けているというが、今は普通の人間の格好から、大きく変わった。

まず、全裸に黄と黒の幅広のボーダー模様なのだという。

頭はスキンヘッド。そこに短い角が二本生えている。

まるで鬼——般若か。

「いつも、生き霊が出てくるのが怖いから、もう死んじゃえばいいのに、みたいな感じで朋子の話をしてるのね。そうしたら、そんな格好で出てきたの」

虎縞模様とも違い、とにかく黄色と黒とで、塗り分けられているらしい。

顔は、無表情のときもあるし、怒って何か色々と怒鳴っているときもあるという。

だが、何を言ってるのか理解できない。聞き取れない。

そして同級生だけにしか見えない。そこは変わらない様子だった。


朋子が姿を変えてから、同級生は皆、朋子の話題を出すのを止めた。

生き霊というよりも、もはや妖怪か鬼、見ようによっては悪魔のようになった姿を見て、皆怖気付いたのだ。

関わると、何が起きるか分からない——。

だから、もう朋子なんて同級生はいなかったことにすればいいのだ。

「関内辺りの店には、もうあいつはいなくなっちまったよ」

同級生の一人が名残惜しそうに呟いた。


ある日、誰も朋子のことを話題に出していないときに、朋子の生き霊が次々と同級生の元に現れた。その姿が人間の状態に戻っていたことが、一時期同級生の間で話題になった。

そしてそれ以来、彼女の生き霊は鳴りを潜めた。

生き霊が出なくなってから数カ月経った頃に、高田さんの元に、朋子の両親から葉書が届いた。朋子の葬式の案内状だった。死因は自殺と書かれていた。

葬式には、同級生は一人として参列しなかった。

「あとは、葉書の届いたその日に、友人達で声を掛け合って、一緒にお祓いに行きました」

それでこの話は終わりですと、高田さんは話を打ち切り、何かを確かめるように周囲を見回してから席を立った。

夢で逢いましょう

ホロホロという古本屋兼カフェバーの店主だった中山さんは、気分が乗らないと、昼間からアルコールを入れてしまうような呑んべえだった。知り合いは皆彼のことを悪い人ではないのだけれどと、比較的好意を持って評してはいたが、明らかにだらしのない人間だと考えていた。

二十代にはサラリーマンが性に合わないと海外をうろつき回り、何かの拍子に知り合った老人から、古書店の店長にならないかと誘われて、いつの間にか古書店兼カフェのマスターに収まっていたらしい。らしいというのは、全てはその古本屋兼カフェバーの常連二人からの伝聞だからだ。

中山さんの経営する店の名はホロホロといった。しかし、店主自身がそもそも商売っ気のないこともあって、皆がホロホロの経営状態を心配するような様子だったという。

「オーナーがテナント料を取ってなかったのかねぇ。いやね、最初はちゃんとした古本カフェだったんだよ。でも余り売り上げが良くなかったんだろうね。深夜にも営業するようになって、お酒を出すようになった」

俺が知る限り、これを始めた店は大抵すぐ潰れるんだけどさ、中山さんの場合も例外じゃなかったね――」

当時ホロホロの常連だった小暮さんは遠い目をした。

「中山さんは、彼自身お酒が大好きだったしね。特にバーボンが好きで、店にも沢山並べていたよ。あと、色々不思議な逸話がある人だったけど、特に最期がねぇ――」

彼をはじめとする何人かが、中山さんが行方不明になってから暫くして、同じ夢を見たのだという。

「――でもね、夢ん中で頼みごとをするにしたって、やっぱ限度があるわな」

今日は開いているだろうか。

独り者の小暮さんは、土曜の夜に夕飯を食べに出掛けた。その道行きでホロホロの様子を確認することにした。あの店の緩い雰囲気は大好きだし、店主の趣味でバーボンの品揃えが良いところも気に入っている。もし今夜開いていたら、夕飯をホロホロで食べたっていい。

最近、あの店はずっと開店していない。だが、店主が店に出入りしていることは確実だった。今までカフェバーのフロアだった部分の床に、束ねられた古本が毎日のように増えているのだ。理由は分からない。何か中山さんにも目的があるのだろう。

もしかしたらホロホロの改装でも考えているのかもな。

そう思ったが、それはないなとすぐに打ち消した。工事前に店から本がなくなっていくのならばともかく、床を埋め尽くすほどに本が増えているのだから、工事に入ることなど無理に決まっている。

ホロホロのライトは消えており、遠目から見ても人の気配は感じられなかった。

今日も振られちまったなぁ。

店の前を通りがかるついでに、ガラス戸から店内を覗くと、とうとう店内は本の束で足の踏み場もなくなっていた。昔の神田や早稲田の古本屋にはそういう店もあったが、最近は余り見ない光景だ。

中山さん、これはやりすぎだろ。

自宅にも本は沢山あるとは聞いていたので、これらの本は、そこから持ち込まれたものだろう。しかし、それにしても、こんなに沢山の本を、いつ店内に運び入れているのだろう。真夜中か明け方か。人目に付きたくない理由が何かあるのだろうか。

その後に寄ったチェーンの焼き鳥屋では、尾形さんという仲間の一人が、先に夕飯を食べていた。

「先程中山さんの店を覗いてきたよ」

「俺も今見てきたところだ」

生ビールと焼き鳥盛り合わせを注文した。

明日は休みだ。ビールを呑むくらい許されるだろう。

呑みながら、中山さんが今どうしているのかという話になった。しかし事情通の尾形さんのところにも、話は入ってきていないということだった。

単に町から気に入った店がなくなるかもしれないというだけの話である。実際のところ、皆そこまで興味がある訳でもないのだ。


その夜、小暮さんの枕元に中山さんが立った。

中山さんは真っ白な浴衣を着ていた。

「俺の店の入り口に、とっておきの本を束にして並べといたんだ。そいつを、これから言う山に持っていって、穴に放り込んでくれないか」

中山さんは、やけに詳しくそこへの道筋を説明した。

「分かった分かった。あんたの頼みだもの。やってやるよ――」

そこで目が覚めた。早朝だが、もう目が覚めて二度寝もできそうにない。

――しまった。マズったぞこれは。

安請け合いしてしまった。頭の中に残っている目的地は、車でなくては行けないような山の中で、しかも県を三つも四つも跨《また》いだ先である。

とはいえ所詮夢での約束だ。無視して忘れてしまってもいいのではないか。

しかし、何となく約束を反故にするのは、尻の据わりが悪いような、気持ちが悪いような、申し訳ないような気持ちがあった。

――これを穴に放り込んでくれ。

もし、これがただの夢ならば、ホロホロの店先に本の束が用意されているはずがない。

小暮さんは、確認のためにわざわざ車で店の前に乗り付けた。

「マジかよ。こんなことがあってたまるかよ」

遠目からも、店の前に本の束が置かれているのが分かった。

ホロホロの前には、以前中山さんが自分のお気に入りの本達だよと見せてくれた、美術系の大型本ばかりが束ねられて置かれていた。

白いビニール紐で無造作に括られた本の束が五つ。一束五キログラムは越えている。

「これを持っていけってか。頼みごとをするにしたって限度があるだろ。中山さん、これ終わったら、ちゃんと顔くらい見せろよ」

俺はどれだけお人好しだよと、小暮さんは一人こぼしながら、その本の束を全て車のトランクに詰め込んだ。


休日だったが、高速道路は空いていた。

山の緑が濃くなった辺りでインターを降り、下道を走って山の懐奥深くへと導かれていく。初めて通る道にもかかわらず、馴染みがあるかのように車を走らせる。

小暮さんは自分が躊躇《ちゅうちょ》なく林道へと分け入っていくことに驚きを禁じ得なかった。

——そういえば、中山さんってこの辺り出身だっけ。

もうどうやって来たのか自分でも思い出せないような山の奥まで来ていた。緑の天蓋で空が切れ切れにしか見えない。

車を停めたのは、自分の意思だったのだろうか。それとも中山さんが取り憑いていたか何かしていたのだろうか。

道路脇の切り倒されたまま放置されている木々の間を抜け、下藪を踏み分けながら、細い獣道を辿っていく。

「中山さん、限度があるって何度も言っててんじゃゃんかよ」

両腕で本の束を抱え、不安定な足元を気にしながら歩いていく。恨み節を口にしたところで、周囲には誰がいる訳ではない。

不意に木々に囲われた、バスケットコートほどの広場に出た。昨夜の夢の通りだった。この広場に穴が開いているから、そこに本を放り込めというのだ。

右手は段差になっており、笹藪で覆われている。左手は植林されたまま手の入っていない杉林が続いている。

確かにその広場の中央に穴が開いていた。

中を覗き込んだが、底のほうは真っ暗で見通すことができなかった。どれほどの深さかの見積もりが効かない。果たしてこれは枯れ井戸か何かだろうか。

まぁ、いいか。

小暮さんは一つ目の束を放り込むと、さっと踵を返した。トランクの残り四束を放り込み終えるまで、同じ道を往復せねばならないのだ。

重労働だ。明日は筋肉痛に違いない。

「頼まれたからって、ここまでする義理はねぇぞ」

自分のやっていることに思わず笑ってしまう。

しかも、四束目を放り込んだところで雷が鳴り始め、間もなく大粒の雨も降ってきた。

これはいかんと、駆け足で車との間を往復し、五束目を放り込んで帰った。

結局丸一日仕事になった。帰ったのは日付が変わった頃だったという。

「で、こっちが遠藤っていって、やっぱり俺と同じように中山さんの夢を見たっていうんですよ」

先程から黙って小暮さんの話を聞いていた遠藤さんは、小暮さんよりもだいぶ背が高く、がっしりとした体つきをしていた。小暮さんの発言に、彼もうんうんと頷いた。

「俺もホロホロにはよく行ってたんですよ。仕事柄帰宅するのが終電近いんで、夜でも気軽に呑める店ってんで、重宝してたんですよね」

正直なところ、余り本は読まないのだと遠藤さんは頭を掻いた。

彼は中山さんの若い頃の話とかが面白くて通うようになったのだという。そして店に通っているうちに小暮さんとも知り合った――という経緯とのことだった。

「俺も、中山氏に夢枕に立たれた一人でね、小暮さんの行った日から四日後ですね。木曜日だったから」

中山さんは、夢枕に立って、穴を土で埋めてくれと頼んだという。

彼も不思議に思い、仕事が休みだったこともあって、指定された場所までドライブついでに出掛けた。

「俺達がどれだけお人好しかってことですよ」

遠藤さんと小暮さんは二人して笑い声を上げた。

場所は小暮さんと同じ場所だった。これは二人で再確認に出掛けたので、間違いない。

「小暮さんが言ってた広場に俺も行ったんですよ。そうしたら、赤土が盛り上がってたんです。小暮さんは、そんなものはなかったって言うんですけど、俺のときには確かにあったんですよ」

件の穴には水が溜まっていた。水は濁っていて、不味そうなカフェオレ色だった。

――後生だから、穴を埋めてくれ。

昨晩の夢に出てきた、中山さんの情けない顔が思い出された。

それじゃ、やるか。

車のトランクには、いつも雪かき用に使うスコップを載せている。それを使ってどんどん土を穴に放り込んでいった。

すると、次第に水面が下がっていく。

思い返すと、穴の周りに積まれたほんの少しの土で、どうしてその穴が埋まったのかは、今でもうまく説明できない。

しかし、穴は埋まった。中山さんとの約束を果たしたので、遠藤さんは帰宅した。

「それで、小暮さんとは自治会の飲み会で顔を合わせたんですよ」

中山さんが夢に出てから、半年は経っていた。

ホロホロは電気のメーターも回っておらず、相変わらず中山さんは姿を現さなかった。

彼がどうしたのかは、自治会でも話題に上がった。元々の古本屋のオーナーにも連絡は入っておらず、彼の自宅のアパートももぬけの空だったと聞かされた。

若いときのように、ふらりと国外に放浪しに出掛けたのではないか。

そんな結論で中山さんの話はうやむやになった。誰も死んでいるかもしれないとは口にしなかった。ああ、皆優しいのだなと遠藤さんは感じたという。

そのとき、酔った小暮さんが、遠藤さんを手招きした。

「中山さんさ、半年くらい前に夢に出てきたんだよ」

小声で教えてくれた。二人ともホロホロの常連だから、何か伝わるものがあると思ったのだろう。

「それで、俺はね、古本を穴に放り込めって言われたんだよ。日曜日丸々一日使っちゃったよ。それからずっと、礼を言いにも現れないの。あの人は本当恩知らずだよ」

その話を聞いた瞬間、遠藤さんの酔いが退いた。

「小暮さん、それちょっとまずいですよ」

二人で飲み会を中座して、ホロホロの店先へと移動した。

「ここ。ここに本の束があってさ、それを車に詰め込んでさ」

「小暮さん。やばいっす。俺、その穴を埋めろって中山氏に夢で言われて、埋めに行ったんです。――同じ場所です」

その発言で、小暮さんも事の重大さに気が付いたらしかった。

「もしかして、俺達、まずいことをやったんじゃないか」

「これ、警察に相談したほうがいいんですかね」

「いや、そうなると、最悪俺達実行犯ってことになるよ」

「言えないですよね」

「言えるはずないよ」

そうだ。こんなこと、他人に言えるはずがない――。

「それで、今日は来られなかったんだけど、やっぱりあの店の常連だった、新村さんの話で締めくくることになります」

その飲み会から更に半年ほど経って、小暮さんが尾形さんと食事をしているときに、尾形さんが不意に思い出したように口にした。

「そういやさ、一年くらい前の話らしいんだけど、夢にホロホロの中山さんが出てきたって人がいたよ」

小暮さんは、心臓を鷲掴みにされたように感じた。

少し黙った後に、それは誰かと訊ねると、新村さんだと教えてくれた。

黙り込んでしまった小暮さんを見て、尾形さんは何事かを感じ取ったらしい。

「ちょっと新村呼ぼうか」

尾形さんは、携帯電話で新村さんを呼び出した。

「G県のM山の中だろ。バーボン持ってきて、石の下に並べてくれって、枕元に化けて出てきたから、言われた通り持っていったぜ」

「石って、そんなものあったか」

「ほら、林道から入っていくと、広場に続くんだよ。右手は笹藪で覆われた坂になってて、左手はずっと杉林。その真ん中にひと抱えもある大きな石があってさ、そこにバーボンを持って来いって。枕元っていうか、夢の中でホロホロの店長に頼まれたんだよ」

「そっか。その石を、誰が置いたかは知らないのか――」

墓標、という言葉が頭の中をぐるぐると回った。

中山さんは、その話をした夜に、小暮さん、遠藤さん、新村さんの三人――少なくとも小暮さんが知る限りは――の夢に同時に現れた。

小暮さんは、そのときに、夢の中で中山さんを怒鳴りつけたのを覚えている。

「あんた、死んじまったら本なんて読めねぇんだよ。この大馬鹿野郎が」

そう告げると、中山さんは、鳩が豆鉄砲を食らったような顔をした。

「――ああ、そうか。言われてみりゃそうだな。でももう手遅れだわ。今回のことでは色々世話になった。ありがとうな」


それからというもの、小暮さんの知り合いの中では、中山さんのことを、現実でも夢でも見たことのある人は一人もいない。ホロホロは、元々のオーナーが亡くなった翌年の春に更地になり、夏前には時間貸しの駐車場になってしまった。

中山さんは依然として行方不明だ。そして小暮さんが知る限り、誰一人あの場所を再訪した人はいない。

チューリップハット

ある夏、土方《ひじかた》さんは、気の合う後輩と一緒に車でキャンプに出掛けた。キャンプ場で受付を終わらせ、トランクに積んだ荷物を下ろす。タープとテントを張ったら焚き火台を地面にセット。何はなくとも火を熾《おこ》さなくては始まらない。

「おい、松ぼっくり拾いに行くぞ」

薪《まき》と炭は積んできたが、着火剤は松ぼっくりを使うのが土方さんのスタイルである。ついでに焚きつけに使うために、落ちた枯れ枝も拾っていく。

「ここら辺に生えてる野草とかって、食えるんですか」

「ああ、食えるのもあるけど、今日は別にいいだろ。食い物は沢山持ってきてるし」

キャンプ場をうろうろしていると、後輩が藪を指差した。

「帽子落ちてますよ」

「誰かの忘れ物だろ。汚ねぇから触るなよ」

土方さんがそう声を掛けるよりも先に、後輩は帽子を拾い上げていた。

「この帽子、面白い形してますよね。あれだ。テレビで金田一がかぶってた奴だ」

チューリップハットで間違いない。黒い霜降り生地は、フェルトだろうか。

「触るなよ。汚いから」

「へーい」

後輩は帽子を再度藪に放った。

昼はバーベキュー。夜はテント泊。翌朝はカセットコンロを使って、手軽にホットサンドとコーヒーを楽しんだ。

「そろそろチェックアウトだな」

土方さんは、干していたテントを畳みながら、荷物を車に運ぶよう後輩に声を掛けた。

高速に乗ってから暫くすると、後輩が鞄から帽子を取り出した。昨日藪に放ったはずのチューリップハットだ。

「お前、それどうしたんだ」

「朝、散歩してたら、また目に入っちゃって。気に入ったから持って帰ろうかなって」

「お前止めとけよ。誰のものかも分からないんだぞ。泥とか付いてるんじゃないのか」

「それは大丈夫ですよ」

後輩は嬉しそうにチューリップハットを頭に乗せた。

キャンプからひと月ほど経った頃、土方さんは後輩の家に遊びに行った。

棚の上に、例のチューリップハットが置かれていた。

「あれ、キャンプ場で拾った奴だろ。何で飾ってんだよ」

あれから何度か二人で遊びに出掛けているが、後輩には帽子をかぶる習慣がないようで、一度もその帽子を身に着けてきたことはなかった。だから、拾い物の帽子は捨てたのだろうと一方的に思い込んでいたのだ。

「何ですか。だってこれ、とってもいい帽子じゃないですかぁ」

「いやいや、俺は興味ないけどさ。拾い物だろ」

「いいじゃないですかぁ。気に入ったんですよ」

「まぁいい。好きにしろ」

その夜は後輩の家に泊まることになった。

夜、後輩のベッドの隣に布団を敷いて寝ていると、衣擦れのような音で目が覚めた。

すすすす。すすすす。

不安に思った土方さんは、後輩を起こさないように、蛍光灯の紐を素早く引いて。豆球を点けた。部屋がオレンジ色に照らされる。

部屋の床に、例のチューリップハットが落ちていた。

さてどうしようかと考えていると、それが突然動き出した。帽子の内側に小動物か何かを仕込んでいるのではないか。そんな辿々しい動きだった。

土方さんは、帽子が動いていることにも驚いたが、帽子の周囲に中身がはみ出しているのに気が付いた。黒くて細い糸のようなものは、虫の足か何かだろうか。

何故か背筋がぞくりとした。直後、沖田さんは蛍光灯の紐を二回素早く引いた。

明るくなった室内で後輩を揺り動かす。

「床に帽子があるんだよ。床にっ」

後輩は、先輩どうしたんですかと寝ぼけた声を上げながら目を覚ました。

「帽子だよ帽子。動いてたぞ！」

指差したが、周囲にはみ出していた黒い糸が消えている。

自分の見間違いだろうか。

「あれれ。また落ちてましたか」

後輩は躊躇なく帽子を拾い上げた。

「気にしないでもいいですよ。これ、時々床に落ちるんですすよ」

「中に虫か何かいるんじゃないか。床の上を動いていたぞ」

後輩が帽子をひっくり返したが、中に何かが入っている訳ではないようだった。

「――そうか。悪かった。俺が夢でも見たのかな」

「まだ朝まで間もありますから、寝直しましょう」

後輩は帽子を棚の上に置き直してベッドに戻っていった。

「すまなかったな」

「気にしないでください。それじゃ、おやすみなさい」

蛍光灯を消して布団に入った。それ以降は、もう衣擦れのような音は聞こえなかった。


それから二週間して、再び後輩の家を訪れた。帽子はまだ棚の上に置かれていた。本当に気に入っているのだろう。もう話題に出す必要もない。

「この間、新しいランタンにしようと思ってさ、キャンドルランタン買ったんだよ」

酒を飲みながら、最近揃えた新しいアウトドアグッズの話をしているうちに、終電の時間が過ぎてしまった。

「あ、もうこんな時間か。悪いけど、今夜も泊まらせてくれるか」

「お安い御用っすよ。そんじゃ布団敷きますね」

いつも通り、後輩のベッドの横に敷かれた布団に寝転がる。アルコールのせいか、すぐに意識が遠のいた。


夜半、今度は女の笑い声のような音で目が覚めた。

豆球の点いた室内を見渡すと、また床に例のチューリップハットが落ちている。

前回と違うのは、黒く長い毛が束になってはみ出ているところだった。

床に置いたウイッグに帽子を乗せたものにも思えた。

笑い声は帽子から聞こえてくる。布団の上で胡座《あぐら》をかき、帽子に向き直る。

すると、帽子が次第に宙に向かって浮かび始めた。髪の毛が帽子の縁から床へと垂れ下がる。

次第に高度が増していく。拳一つくらい宙に浮いたところで気が付いた。

光を反射するガラス玉のようなものが、垂れ下がった毛の束の内側に二つ。

それがこちらをじっと見つめてきている――毛の束の中に女の顔があった。

帽子から顔が生えているのか。床から顔が出てきているのか。

ただならぬ気配に全身の毛がそそけ立つ。土方さんは後ろ手で後輩の身体を揺すった。

「――先輩、何ですかぁ」

眠そうな声が背後から聞こえた。その声に視線を一瞬外した隙に、帽子は床に落ちた。

「この間も先輩に言いましたけど、時々落ちるんですよ。大丈夫ですって」

「帽子が――」

「いや、でも髪の毛が生えてて、顔が――」

土方さんは、後輩のベッドに置かれていた孫の手に手を伸ばした。その先端で勢いよく帽子を突き転がしたが、中は空っぽだった。

「大丈夫ですよ。この帽子に変なところはありませんから」

ベッドに戻る後輩を見届け、土方さんも寝床に入ったが、朝まで一睡もできなかった。


土方さんは、それから後輩と暫く会う機会がなかった。

仕事が忙しかったのもあるが、とにかく彼の部屋に泊まる度に、あの帽子に脅かされるのが嫌だった。次はもっと不穏なことが起きるに決まっている――そう思ったからだ。

だが一週間ほどして、後輩から一通のメールが届いた。

最近彼女ができたんです。先輩にも是非会わせたいです、という内容だった。

突然のことで驚いた。女っけの一切ない男だったのは自分がよく知っている。どういう風の吹き回しだろう。

ただ、偶然だとは思うが、先日の帽子の下にあった女の顔が思い出された。

以降は連絡が途切れた。週に一度は声を聞いていたが、それも途絶えて久しい。それから二カ月近く経ち、久々に飯でも一緒に食いに出掛けないかと、後輩の携帯電話に連絡を入れた。しかし、電源が入っていないようだと自動音声が流れた。続いて部屋の固定電話に掛けたが、こちらも解約されているというアナウンスである。嫌な予感が心によぎった。いても立ってもいられず、直接後輩のアパートに足を運ぶと、部屋のドアにはガスと水道の閉栓通知が掛けられていた。

アパートの周囲を掃いている大家らしき老人に話を聞くと、後輩は突然退去したと教えてくれた。残留物が多くて困ったと愚痴られたが、そこにチューリップハットがなかったかと訊ねると、見覚えがないとの答えだった。

老人と別れてすぐに後輩の実家にも連絡を入れたが、彼はそちらにも戻っておらず、行方不明だという。

何か知りませんかと訊ねられたが、心当たりはあのチューリップハットだけだ。そんな話は信じてもらえないだろう。家族は捜索願も出しているとのことだった。

それから何年も経つが、後輩はまだ見つかっていない。

骨喰《ば》みの大壺《おおつぼ》

「以前うちにあった壺は、親父が骨董市で入手したものらしいんですよ」

槇原さんのお父さんは重蔵という名で、小さな会社を経営していた。彼の趣味の一つに骨董品収集があった。骨董品といっても高い値の付いたものを集める訳ではない。値段や歴史的価値に興味はなく、単に気に入ったものを身の回りに置くことが好きだったのだろう。彼は月に一度古物市に出掛けると、時折目に付いたものを持ち帰った。

あるとき重蔵さんが持ち帰ったのは、唐津焼の大壺だった。持ち上げるのも苦労するほどの大きさだ。かつて、酒などを保存するために使われたもののように思われた。今なら花器として使われるのだろう。または、玄関で傘立てにでもするのに良さそうな大きさだった。

重蔵さんはそれを床の間に置いた。美術的なことはよく分からんと笑いながらも、相当気に入っていたようだ。

槇原家は二世帯住宅である。一階には重蔵さんと妻の菊子さん夫婦が住み、二階には槇原さん家族が住んでいる。庭にはタローとジローという二匹の犬が放し飼いになっていた。

その壺が来てから一週間ほどした頃、二匹の飼い犬が立て続けに死んだ。

一匹は突発性の病気で、獣医に掛かったときにはもう手遅れだった。もう一匹は急に庭から逃げ出して車に轢かれた。どちらも先代までの犬も葬られているペット霊園に葬った。ただ犬が死んだときに、重蔵さんは一点気に掛かることがあった。

それは夢の中で、二匹の犬を、先日購入した大壺へと押し込む夢を見たことだった。

犬を葬ってから数日後、祖父の部屋を訪れていた槇原さんの五歳になる息子が、大壺を指差した。

「おじいちゃん。今、そこからカラカラって音がしたね」

重蔵さんに、その音は聞こえなかったが、孫の言葉が引っ掛かったので、壺の中を覗き込んだ。底のほうに何かがあった。懐中電灯を引っ張り出して覗いてみると、棒のようなものが重なっている。

重蔵さんは孫を一階に帰すと、床に新聞紙を敷いて、その上で壺をひっくり返した。壺の中から白いものがカラカラと音を立てて新聞紙の上に転がった。

――骨か？

何の骨かは明らかではなかったが、人間の骨よりは小さいようだ。中には鋭い犬歯のような尖った歯も混ざっていたので、恐らくは犬や狸、狐といった類のものだろう。

壺を買って帰ったときには、中に何も入っていなかったはずなのだが。

そうなると、壺に骨が勝手に入ったということになる。

彼は自分の想像を一笑に付すと、骨を新聞紙で包んで棄てた。


その夜、重蔵さんは夢を見た。夢では大壺の中に自分の妻を押し込んでいた。

現実の大壺の口は、大きいとはいっても、人間が入れるような径ではない。しかし、それが夢の中だと吸い込まれるようにするすると入っていく。

足から差し込んで、最後に妻の顔が大壺に吸い込まれたのを確認すると、重蔵さんは大きな達成感を覚えた。

目を覚ましたときにも、その達成感は続いていた。

——そういえば、夢で犬達を壺に押し込んだときにも、変な達成感があったな。

だが、こんな夢の内容を、本人にも家族にも伝えることはできない。

そして、その夢を見た三日後に、菊子さんが激しい頭痛を訴えて意識を失った。

救急車が到着したが、彼女は病院に搬送される途中で死亡した。


——俺の夢のせいか。

重蔵さんは戦慄《せんりつ》した。しかし見る夢をコントロールすることは不可能だ。いつ誰を夢の中で壺に押し込むかもしれない。自分の大切な存在を次々と喪《うしな》った重蔵さんは、次第に衰弱していった。

菊子さんの四十九日が済んだ頃に、三度目の夢を見た。

重蔵さんは大壺に孫を押し込もうとしていた。だが以前の夢と異なるのは、今回の夢では、孫を壺の口から入れようとする自分の身体が自由に動かせることだった。

このままだと孫が死んでしまう。

ただ何もせずに孫を壺に押し込む自分自身を、呆けたように眺めている訳にはいかない。一方で、壺の中に何かを入れない限り、この夢は終わらない。それも分かっていた。

重蔵さんは、孫の身代わりに、自分が壺の中に入ることに決めた。

孫を横に放り出し、素早く壺の口へと両足を滑り込ませた。だが、膝まで入れても爪先が底に触れない。次の瞬間壺の口が広がって、あっという間に転がり落ちた。

まるで吸い込まれたようだった。

壺の中は意外にも明るかった。虹色の光に包まれた風景が、視界の続く限り広がっている。時々、空間が裂けるようにして、そこから何者かの目が覗いた。シュールリアリズム絵画のようだった。子供の頃に見た悪夢にも似ていた。

虹色の光の中を、重蔵さんはひたすら落下していく。

落下して落下して落下して——目が覚めた。
やけに大きな達成感が気持ち悪かった。

重蔵さんはすぐに槇原さんを呼んだ。

「俺はあの壺に入ったから、近いうちに死ぬからな。もう駄目だ。実は今までも、夢の中で犬とばあさんを、床の間の大壺に押し込んだんだ」

だから犬もばあさんも死んだ。俺も近いうちに死ぬ。覚悟しておいてくれ——。

突然の告白を聞かされた槇原さんには、夢と床の間の大壺がどう関係しているのか、合点がいかなかった。何か錯乱でもしているのではないかと心配した。

興奮している重蔵さんに詳しい説明を求めた結果、重蔵さんが過去に夢の中で大壺の中に押し込んだものが、数日後に死ぬという法則を理解した。

「俺はな、最後に孫を入れようとしていたんだ。でもそれだけはやってはいけないと思ったから、自分が入ったんだ」

そう繰り返す重蔵さんの目は、焦点が合っていないように思えた。

「あの壺に入った以上、今度は俺の番だ。お迎えがいつ来るか知らんが、早ければ今夜だろう。覚悟しておいてくれ。あと、壺は俺が死んだらすぐに手放せ。それができないなら壊してくれ。約束だぞ。絶対に家に置いておいちゃ駄目だ」

槇原さんもそんな壺を家に置いておく訳にはいかないと賛同した。

結局、その言葉が重蔵さんの遺言となった。

当日の夜に、彼は睡眠中の誤嚥《ごえん》で亡くなったからだ。

槇原さんは前日に覚悟を決めておけと含められていたが、実際のところは壺の話には半信半疑だった。しかし、父親の死は事実だ。こうなると信じざるを得ない。

重蔵さんのことは、以前からの希望通り、家族葬で送った。

祖父のことが大好きだった孫は、葬儀の間、重蔵さんが亡くなったことを理解していないようだった。


四十九日も過ぎた頃、槇原さんは、父親の遺言通り大壺を処分しようと考えた。

しかし、それは困難を極めた。割ろうとすると、割ってはいけないという気持ちが強く湧き出てくるのだ。捨てようとしても同様である。

説明の付かない感情に、槇原さんは戸惑った。

仕方なく父親の机を漁り、元々大壺を売っていた骨董屋の連絡先を突き止めた。

その店に連絡を取り、自宅の骨董品を引き取ってもらえないかと相談した。最近は骨董品に値は付かないと断られるところだったが、それでもいいから引き取ってくれと伝えると、二つ返事で了解してくれた。

搬出の当日、床の間から壺を運び出そうとすると、硬いものがカラカラと壺の内側を擦る音がした。

中に何が入っているのかと壺をひっくり返すと、中から白いものが大量に出てきた。

「ああ、これは人の骨ですね――」

骨董屋は、事もなげに指摘すると、そのまま大壺を軽トラに載せて持って帰った。

残された槇原さんは、父親の話を思い出し、墓を開けて中を確認することにした。

先日納めた骨壺から、祖父母の遺骨が消えていた。大壺から取り出した二人分の骨は、もう分けることができないので、適当に二つの骨壺に入れ直して再度墓に納めた。

念のためにペット墓地の骨壺も確認したが、タローとジローの骨壺も中身が空になっていた。

家具屋の鴉《からす》

小牧さんがアルバイトを始めたアンティーク家具店は、中古家具の買い取りや取り寄せなどを行っている、趣味色の強い店だった。取り扱っている家具にはミッドセンチュリーのデザイン家具や、ヴィンテージ家具をはじめとして高価なものが多かった。

オーナーは女性で、四十代後半から五十代に見えた。本人の発言を信じるならば海外生活が長かったらしい。アンティーク家具やブランドに詳しく、自身でもコレクションとして、あるデザイナーの家具を、年代別に集めているという。

「良かったわぁ。家具とかって重いから、アルバイトとして男手が欲しかったのよぉ」

採用されたが、アルバイトの身ながら経営が心配になるほどに暇だった。勤め始めてからひと月、冷やかししか来ないのだ。客が来ないなら売り上げもあるはずがない。

しかし、オーナーは気にした風でもなく、新しい商品を次々と仕入れてくる。

どうやら店主は接客が苦手なようだった。実際、店自体がオーナーの自宅であり、彼女は普段は奥の生活スペースに引っ込んだままだった。小牧さんが、お客が来ましたよと呼ばない限り、店には顔も見せない。

小牧さんは、アルバイト中に、暇なら何をしていても良いと言われていたので、レジコーナーに本や漫画を持ち込んで、適当に時間を潰していた。そこには直径が五十センチ、高さが七十センチほどもある、空っぽの鳥籠がスタンドに釣られて置かれていた。

ある日、オーナーが通帳を見ながら声を掛けてきた。

「今月はまずいわぁ。全然お金ないの。小牧くんの給料払えないかもしれないわよぉ」

冗談ではない。それは困りますよと声を掛けると、オーナーは笑った。

「何とかしないといけないわねぇ――」

その会話の三日後。店舗に入ると鳥籠に大きな黒い鳥が入っていた。オーナーからは一切事情を聞いていない。突然のことである。

九官鳥だろうか。九官鳥は嘴《くちばし》がオレンジだがこの鳥は黒い。大きさも一回り大きい。そうなると鴉だろうか。それにしても羽根もボサボサでみすぼらしい。

近くに寄って観察すると、両方の眼球がくり抜かれているようだった。

止まり木に止まったままの鴉は、殆ど身じろぎもしない。声を立てず、近づかなければ剥製に見えた。客も、鴉のことは気にしていないようだった。

ある日、七十代に差し掛かろうという女性が店内でアンティークの小物を選んでいた。するど、鴉がギャアと大声を発した。しゃがれた声は驚くほどの大きさだったが、老婦人はその声をまるで気にせずに商品を選んでいる。

鴉の鳴き声を聞きつけたのか、オーナーが奥から慌てて出てきた。

「お客様、何かお探しですか？」

ブローチを探しているとの答えが返ってきた。

「ブローチでしたら、こちらにもありますので、どうぞ御覧ください」

気に入ったものがあったのか、老婦人は驚くような値段のブローチを購入した。

「ありがとうございます。今後も何かございましたら、どうぞよろしくお願いします」

オーナーは名刺を手渡した。

「何か御用立てありましたら、是非こちらに御連絡くださいませね」

普段見られないオーナーの接客姿に唖然としていると、そのお客さんが店を出ようとしたときに、彼女は背後の鳥籠の扉を開けた。

鴉は一度大きく羽ばたくと老婦人の頭部目掛けて飛んでいき、髪の毛をついばんだ。そして髪を数本引っこ抜くと、あっという間に鳥籠に戻った。

店の外に出た老婦人は、鴉のついばんだ辺りに手を当てて、周囲を見回している。

だが、鴉自体には全く気づいていない様子だった。

オーナーは鳥籠の鍵を閉めながら薄笑いを見せた。

「小牧くん。今日は帰って良いわよぉ。もう今日はお店閉めるからぁ」


一週間ほど経った頃、オーナーが満面の笑顔を見せた。

「近いうちに、いーっぱい家具が入ってくるからねぇ。忙しくなると思うわよぉ」

その発言通り、駐車場に家具を満載したトラックが入ってきた。

また家具を仕入れたのかと思っていると、オーナーは小牧さんの横に立って言った。

「この間、ブローチ買いにおばあさん来てたでしょ。あの人が亡くなったから家具を引き取りに行ってきたのよぉ。母が常連だったかもしれないからってねぇ」

どうやら先日渡した名刺を見た遺族の方から連絡があり、遺品整理と称して安く買い叩き、大量に仕入れてきたというのが真相のようだ。

「あと、これすぐ売れるから、頼むわねぇ」

数日後に、新たに家具店を開店したいという男性が相談に現れた。

幾つか程度の良い商品を見繕ってほしいという相談に、先日の老婦人の遺品は、殆ど全て捌《さば》けてしまった。

その取り引きの後で、オーナーはいつまでも笑みを抑えられないようだった。

「小牧くんのアルバイト代、大丈夫だったでしょう。来月もよろしくねぇ――」

「普段から金遣いが荒かったんでしょうね。彼女は時々金がないって言うんです」

するとまた鴉が登場する。鴉はカモになりそうな客の髪の毛をついばむ。すると数日後に、大量の仕入れがある。これが何度も繰り返された。

ある日、オーナーが空っぽの鳥籠を眺めながら声を掛けてきた。

「――そういえば小牧くん、この鴉のこと、見えてるのよねぇ。余りまじまじ見ないほうがいいわよぉ。あなた死んでも一銭にもなりそうにないしねぇ」

小牧さんは背筋に寒気を感じた。家の事情だと告げて翌月からのアルバイトを辞めた。


それから数年経った春、その店舗は売り家になっていた。

その冬に、オーナーが自宅で亡くなっていたらしい。近所から変な匂いがするという通報があって発見された。どうやら孤独死だったようだ。

近隣の人の話によると、まだ死後一週間と経っていなかったというが、全身がどろどろに溶けていたという。周囲には鴉の羽が散乱していたと聞いている。

御機嫌いかがですか

「こちら側はいいよって、繰り返し何度も誘われるんです」

それが友人の妄想から始まったのか、何処かで何か切っ掛けがあったのか、今となってはまるで分からないのだと、引田さんは困った顔をした。

「でも実際、僕も見ているし、ずっと続いているしで、信じない訳にはいかないんですよね——」


久地は引田さんの大学生時代の友人で、入学当初から仲間内では生真面目な男だと目されていた。

ある日、引田さんは久地に相談を持ち掛けられた。珍しいこともあるものだなと思ったが、二人でファミレスに足を運んだ。ドリンクバーでソーダを注いで席に戻ると、久地は「時間を取らせてすまないな」と、小さな声で言った。

「いいよいいよ。お前が俺に相談してくるなんて、どんな風の吹き回しだよ。そもそも何で俺なんだ」

場を和ませようと、わざと軽い口調で笑顔を見せても、久地は眉間に縦筋を深く刻んだまま考え込んでいる。

「力になれるかどうか分からないけど、俺で良ければ、何でも言ってくれよ」

その言葉で意を決したのか、久地は声を潜めて打ち明けた。

「実は最近、俺の周りに見えない人が現れるんだ」

引田さんは以前、彼に心霊関係のＤＶＤを貸したことがある。どうやらそれ以来、久地は彼のことを心霊の専門家のように考えていたらしい。

「いや、さっきは安易に何でもとか口走ったけど、それを俺に相談されても、お祓いとかは何もできないぞ」

「いいんだよ。馬鹿にしないで聞いてくれるだけでも」

「そりゃ馬鹿になんかしないけどさぁ」

むしろ心配だ。自分に相談されても、久地に何かしてやれることはないだろう。しかし、それでも相談事を聞くだけで、少しでも心が楽になるのならと、話を聞くことにした。

「最近、普通の人には見えない存在っていうの？　そいつからちょくちょく誘われているんだ」

それは久地が一人のときに限って現れるという。

その容姿は背の低い女性のようで、だぶだぶの派手な柄のパーカーを着て、フードを目深にかぶっている。

「はっきりと性別は聞いてないんだけど、たぶん女の子なんじゃないかな。僕はそいつをパーカーって呼んでるんだけど――」

パーカーは、中性的な声で直接脳にメッセージを送ってくるのだという。

「最初は、御機嫌いかがから始まってね。もう何度もこちら側に来ないかって誘われているんだ。引田、僕はどうしたらいいと思う？」

突拍子もない話を振られて、引田さんは混乱した。

「ちょっと待ってくれ。こちら側って何だ。そのパーカーって奴は実在しないのか？　今ここにいても、俺には見えないってこと？」

「たぶん。うちの家族には少なくとも見えてないね」

「今はこの場にいるのか」

久地は首を振って話を続けた。

「悪かった悪かった。その話よりも先に、町に沢山半透明の人がいるって話をしたほうが分かりやすいかもな」

いよいよオカルトめいてきた。

現実の人たちと重なるようにして、半透明の人たちが町には沢山歩いているのだと、久地は説明した。

「それがね。皆幸せそうな笑顔で街を歩いているんだよ。僕はそれが羨ましいんだ」

そんな光景を見てしまうと、何故今自分は辛い思いをして、こんな希望も期待も機会もない場所にいるのだろう。そう疑いたくなる――。

「だから僕はもう、いつ〈あちら側〉に行ってもいいなぁって思っててさ。引田はこれどう思う？」

――久地には、彼岸《しがん》と此岸の境界線が曖昧になっている。

正直、これは俺の扱える領域ではない。専門の医者に診てもらわなくてはならないものだろう。しかし、どうやって切り出そう。

下手なことは言えない。自分の一言で、久地は命を断ってしまうかもしれないのだ。

暫く考えた末、引田さんは、脳と幽霊の話をすることにした。

「――俺、いつも幽霊の話を聞くとさ、脳のことを考えるんだ」

「脳？」

「幽霊が見えているのは、脳の病気なんじゃないかって仮説があってさ。脳に血栓ができたりすると、幽霊を見たりする例があるんだよ」

だからお前はまず、見えない存在よりも、そちらを疑って掛かったほうがいい。医者に行って精密検査を受けるべきだ。具体的にはＭＲＩを撮ってもらうべきだ。

その引田さんの言葉に、久地は黙ってしまった。


「――そうか。そういうこともあるんだな」

暫く黙ったままでいた久地は、憑きものが取れたような表情で顔を上げた。

納得してくれたか。

ほっと胸を撫で下ろす。

「時間取らせてすまなかったね。会計は俺が持つよ」

久地は伝票に指を伸ばしたが、その直後に眉間を曇らせた。

「引田。あのさ。お前、あれ見える？　あの窓のところにいる奴」

窓の外を指差した。引田さんがそちらを振り返ると、そこには派手なだぶだぶのパーカーを着て、フードを目深にかぶった人物が立っていた。

『あれがパーカーだよ」

あのときに、窓の外に立った人物は、何者なのだろうか。

偶然だろうか。

それとも久地の仕込みだろうか。

久地が一人のときにしか現れないと、今しがた言ったばかりじゃないか。

あいつにしか見えなかったものが、俺にも見えたというのはどういうことなんだ。

落ち着かないにも程がある。いても立ってもいられない。

当の久地は、顔を合わせる度にパーカーの話をする。

毎度パーカーがあちら側に行くように誘ってくるという話を、嬉しそうに話す。

毎日毎日パーカーの声を聞き続けた久地は、だんだんと心が不安定になっていった。

週に二度三度と引田さんを誘い出し、様子を報告してくれるのはいいが、途中から支離滅裂な内容になっていく。その内容から、一つ気が付いたことがあった。

——そうか。久地はパーカーに惚れてしまったんだ。

目の前でパーカーと街を歩く半透明の人たちについて熱弁を振るう久地を見ながら、引田さんは納得した。

「パーカーの意見では、僕は、〈あちら側〉に行ったほうが幸せになれるっていうんだよ」

引田さんは、久地の言葉に賛同するようなことはもちろん言えず、かといって彼が絶望している現実に対して、何か期待を持たせることなどは切り出すこともできず、しかし困惑している素振りも出さずに、ただ「そんな不思議なこともあるんだな」と呟くように繰り返すことしかできなかった。

その状態がふた月ほど続いた。


——俺もパーカーのことは見ちまったしな。

あの姿は脳裏に焼き付いている。

背が低く、華奢《きゃしゃ》な体格。派手なパーカーのフードを目深にかぶり、毎日のようにこちらにおいでと誘ってくる魅力的な存在と、久地にとって辛く苦しい現実。どちらを選ぶかと言われても、そんなものは比べるまでもない。

結果的に久地は早々に、この世への見切りを付けたようだった。

——俺に相談を持ち掛けたときには、心はとうにあっち側に行ってたんだろう。

魅入られるっていうのは、そういうことなのか。


「最後は、僕の目の前でトラックに飛び込んだんです」

ある日、大学近くの街道で、久地は派手なパーカー姿の人物と話をしていた。

一目見て、引田さんは久地の会話の相手を理解した。

だぶだぶのパーカーを着ていて。

フードを目深にかぶっていて。

――パーカーが、こちら側に来ないかって誘ってくるんだよ。

「久地ぃ！」

大声を上げながら駆け寄っていくと、彼はガードレールを飛び越え、走ってきたトラックの目の前に躍り出た。

トラックの急ブレーキの音が響いたが、間に合わなかった。

救急車が呼ばれ、警察もやってきた。引田さんは現場を目撃したことで、警察官に状況を訊ねられた。

「俺、パーカーを着ている女の子を見ました――」

あいつ、俺の友達なんです。死んだら困るんです。助けてやってください。

何度も繰り返し懇願した。

だが、久地は戻ってこなかった。

久地の死がトラウマになったようだった。引田さんは毎晩明け方になるまで寝付けない日々を過ごすようになった。寝られないときには、寝巻きにしているパーカーのフードで視界を覆い、周囲の光を遮るようにして布団に潜って横になる。目を閉じて横になるだけでも、少しは疲れが取れるものだ。

そんな暮らし方をし始めて何日経っただろうか、突然中性的な声が頭の中に響くようになった。

「御機嫌いかがですか」

「こっちはいいよ」

「こっちに来ない？」

そんな言葉が何度も繰り返された。

——最初は、御機嫌いかがから始まってね。

久地の言葉が思い浮かんだ。

御機嫌いかがですか。こっちはいいですよ。

御機嫌いかがですか。あなたも、こっちのほうが幸せになれるんじゃないですか。

人形屋敷

「私の中で、ずっと解決できていない話があるんです」

奈緒さんは、同級生の家についての話なんですと続けた。

「落ちも何も付かない話で、本当に申し訳ないのですが――」

もう時間も経ちすぎて、今から何か手を施すことができる訳でもない。ただ、抜けない棘《とげ》のように、心に引っ掛かっている話を聞いてほしい。そう前置きして、彼女は子供の頃の思い出を教えてくれた。


奈緒さんの小学校時代に優子という同級生がいた。彼女は所謂〈お嬢様〉だった。そのせいか、学校では友人がなかなかできなかった。だが、奈緒さんは相性が良かったのか、優子の家に週に何度も遊びに行く、親友といっても良い仲になった。

彼女の家は何処も手入れが行き届いていた。大きな門から入ると、アーチを描くバラ門があり、その先には庭園が広がっている。緑の芝に大きくS字を描く道を辿っていくと、奥にはテニスコートやプールもあった。更に進んでいくと、やっと母屋に辿り着くというお屋敷だった。庭には離れもあり、そこに住む住み込みのお手伝いさんまでいた。

優子本人も頭の回転が速く、成績は常に学年トップで、ピアノの腕も音大生レベルという才能の持ち主だった。奈緒さんが優子の家に行ってする遊びは、学校の宿題とピアノの練習だった。一緒に部屋で過ごしていると、途中で優子の母親が、おやつに紅茶とケーキを持って来てくれた。そのときに今日は学校でどう過ごしたという報告をするのだった。

奈緒さんは、優子が一人っ子ということもあって、御両親からとても大切にされていると考えていた。家柄も才能も違いがあったが、奈緒さんは優子のことを大切な友人として尊敬していたし、彼女の両親も、奈緒さんを娘の友達として快く迎えてくれているように思えた。


そんなある日、いつも通り優子の家に遊びに行くと、珍しく家族が留守とのことだった。考えてみれば、二人だけで遊ぶのは初めてだ。

「今日は勉強もピアノもしなくていいから、とにかく何かして遊ぼうよ!」

そう目を輝かせる優子の提案に、彼女の母親に叱られないか心配だった。しかし普段見せたこともない態度を見ると、奈緒さんは、そう強く出ることもできなかった。

優子の母親が用意しておいてくれたケーキと紅茶を食べながら、親の前では口にできないような本音の会話に笑い合っていると、不意に優子が真顔になった。

「私ね、勉強もピアノも早く家を出ていきたいから頑張っているんだ。だから友達を作って普通に遊びたいけど、うちで遊ぶっていっても勉強とピアノでしょ。友達なんてできないって諦めてたんだ。でも奈緒と同じクラスになって、一緒にいるときは、凄く落ち着くし楽しいの。それに奈緒は嫌な顔もしないで、うちのお母さんとも仲良くしてくれるし。だからさ、一生で一人の親友は奈緒で良いって思ってるの。ありがとう奈緒」

余りにも唐突な優子の言葉が大人びて思え、奈緒さんはドギマギした。

「何で早く家を出たいのか聞いていい？」

「まずね、うちのお母さんって、教育ママでしょ。もっと遊びたいし、家での決まりごとが多すぎるんだよね――」

優子の言葉は、淡々としたものだったが、内容には共感できるものだった。

「あとはうちの秘密だから、お母さんから話しちゃいけないって言われてるんだけど、奈緒は親友だから少し話しておくね」

戸惑いながらも頷くと、彼女は「うちって変なんだ」と前置きをして話し始めた。

「実は、私には弟と妹がいるの。あと、結婚するならお婿さんをもらわないといけないんだって。私がお嫁さんになるのは駄目なんだ」

彼女の家には弟や妹がいる気配はない。そう口を挟もうとすると、優子は、「でも、もっと怖いこともあるの」と続けた。

それは、両親からある約束事を破ると命に関わると言われていること、この家の敷地には家の中にも外にも不思議な場所が幾つかあり、そこには絶対に近寄ってはいけないときつく言われていること。そして、この家自体の雰囲気がおかしく、ずっと暮らしていると怖くて仕方がないという内容だった。

「家にある不思議な場所は気になってるから、いつか秘密を確かめたいの。でも守らないと死んじゃうっていう約束事もあるから、一人で確かめるのは怖いし――」

本人には重荷となる家のしきたりの数々だったが、話を聞かされた側には、好奇心を掻き立てられる内容だった。

ただ勘の鋭い奈緒さんには、得心がいく点もあった。何度も優子の家を訪れているが、空気がおかしいと感じるときがしばしばあったからだ。

その日は、結局宿題にも手を付けず、ピアノの練習もせずに別れた。

奈緒さんは、帰宅する間ずっと、優子の家の秘密をどう確かめるべきかと考えていた。

「この間さ、弟と妹がいるって言っていたじゃない?」

数日経った放課後のことだ。優子と二人での帰り道、奈緒さんは一番気になっていたことを確かめようと話を振った。すると、優子はあっさりと弟と妹と別れたときのことを教えてくれた。理由は聞かされていないが、二人とも生まれて程なく、別々の親戚の家に養子に出されたとのことだった。

当時、まだ優子は幼かったが、弟と妹がいたことを記憶していた。

ある日、二人が自分とともに家で暮らしておらず、何処か遠くに行ってしまったということを不意に思い出し、彼女は突然酷い悲しみに襲われた。

優子が声を上げて泣いていると、事情を察した母親が二体の洋風人形を持って来た。

「この子達が、優子の弟と妹だよ」

優子に渡された人形は、それ以来ずっと彼女の部屋に置いてある——そんな話だった。

奈緒さんにも二体の人形には見覚えがあった。優子の部屋に遊びに行くと、いつも奇妙な視線を感じる人形達だった。

「そっか。弟さんと妹さん、何処かで元気にやっているといいね」

そう言うことしかできなかった。奈緒さんは話題を変えようと、次の話を振った。

「あと、家の決まりごとを破ると命に関わるって言ってたじゃない？　死ぬって大袈裟《おおげさ》だよね。それって、よく大人が使う子供に悪戯をさせないおまじないの言葉でしょ？」

その問いを聞いた優子の表情が強張った。

「そんなんじゃないの。本当に命に関わるの。今まで死んじゃった人も見てるし。でもはっきり言えない。決まりだから。――ごめんね」

彼女は悲しげな表情で言い返した。奈緒さんもそれ以上踏み込むことはできなかった。

二人でこの謎を解き明かして、優子が少しでも安心できるようになればいいのだけど。

「――あのさ、私、優子が言ってた、弟と妹が養子に出たことも、家を怖いって思うことも、立ち入り禁止の場所があることも、家の決まりごとも、全部繋がっているんじゃないかなって思ったの。だから優子が安心できるように、一緒に秘密を確かめようよ！」

それ以来、二人は遊んでいるときだけではなく、学校でもその話をするようになった。


二人が五年生の夏休みのことだった。優子の家から奈緒さんの母親に電話があった。

優子の両親が、八月に一週間家を留守にする。その間、娘が一人で寂しいだろうから、親友の奈緒さんに泊まりに来てほしいという内容だった。住み込みのお手伝いさんが世話をしてくれ、食事などには困らないという。奈緒さんの家でも誘いを断る理由はないと判断したのだろう。夏休みの一週間、泊まりに行くことになった。

二人は、これは優子の知りたがっている謎を解明する絶好のチャンスなのではないかと期待した。

しかし、滞在中のスケジュールは慌ただしいものだった。日中は夏休みの宿題や自由研究の課題、日課のピアノの練習と、まるで学習塾の夏期合宿のようだった。

夜に、夕飯の洗い物を済ませると、お手伝いさんは離れに帰る。それからは二人の自由時間だ。優子と奈緒さんの二人は、そのタイミングで行動を起こそうと計画を立てた。


奈緒さんの知る限りでは、優子の家は、一階中央に二十畳程の吹き抜けのリビングがあり、それを挟むようにして十二畳の洋室が二つ配置されている。二階には洋室が三部屋あり、階段を上った一番奥が両親の寝室、中央は普段は使っていない客間。そして一番階段側が優子の部屋だ。シャワーやトイレなどは両方の階にあり、地下にはピアノの練習部屋が設えてある。

「あのね、実はお父さんとお母さんの寝室に、立ち入り禁止の隠し部屋があるんだ」

彼女は以前、たまたま隠し部屋から母親が出てくるのを目撃し、ここには絶対に入ってはいけない。この部屋のことは知らない振りをするように言われたと打ち明けた。

「それからずっと気になっていたんだよね。きっと、この家の秘密が詰まっている場所だと思うんだ」

二人は、その部屋から確認しようと決めた。

夜九時。誰も入ってこないように、家中の鍵が掛かっていることを確認すると、懐中電灯を持って両親の寝室へと向かった。綺麗に整理されており、十二畳ほどの広さの洋室には、セミダブルのベッドが二台置かれていた。壁には小学生の背ほどある、埋め込みの飾り棚があった。

「その棚の扉が入り口になっているの」

優子が近づいていく。奈緒さんは鍵が掛けられていて開かないだろうと思っていた。しかし、優子が手を掛けて扉をスライドさせると金属の壁があった。更にその壁もスライドさせると、暗闇が覗いた。

無言のまま二人で頷くと、懐中電灯を差し込んで覗き込んだ。

中は八畳ほどの広さで、洋人形が数え切れないほど置かれていた。その光景にもぞっとしたが、更に部屋の中央には、映画で見たような祭壇があった。左右には大きなキャンドル立ても置かれている。

——この家に、何故こんな場所があるんだろう。

不気味に思った奈緒さんは部屋から出たかったが、優子は更に奥へと歩を進めていく。置かれた人形や、用途不明の小物の数々に懐中電灯の光を当てて、熱心に見ている。

　奈緒さんは優子の様子を黙って見ていたが、不意に誰かに見つめられているような、底冷えのするような恐怖を感じた。先程までと異なり、空気の温度すら下がったようだった。

「ねえ、もう出ようよ。この部屋怖いよ」

「うん。そうだね」

　優子はまだ名残惜しそうだったが、二人は隠し部屋を後にし、優子の自室へ戻った。

　部屋に戻るときから、優子はずっと黙ったまま何かを考えている様子だった。奈緒さんは早鳴る心臓を落ち着かせようと、何度か深呼吸をして声を掛けた。

「人形もいっぱいあったし、ちょっと怖い部屋だったね」

「――私、たぶんあの部屋へ行ったことある。たぶんまだ赤ちゃんの頃だと思うんだけど」

　優子は、隠し部屋に入ったときに、何かを思い出したようだった。

「何か儀式みたいなことをされたんだと思う。でも、詳しいことは思い出せないな――」

　当時まだ小学五年生だった奈緒さんから見ても、隠し部屋の様子は、神道や仏教の儀式で使われるものではなさそうに思えた。一方で具体的なことは全く不明である。

　ただ、優子の身に何かあっては困るという気持ちが、更に大きくなった。

「あのさ、とりあえず、もうあの部屋へは行かないほうが良いんじゃないかな」

「そうだね。――もっと調べてからじゃないと」

時刻も遅いので、その夜はもう寝ることにした。しかし、緊張したせいか、二人ともなかなか寝付けなかった。

暫くすると扉を隔てた廊下から、カサカサと床を擦るような音が聞こえてきた。聞き耳を立てていると、優子が小声で呼んだ。

「起きてる？」

「うん」

「何か、廊下でカサカサって聞こえない？」

音を立てないように優子の隣へ移動する。二人で音のほうに視線を向けていると、カサカサという音の後で、軽いものが部屋のドアにぶつかるトンという音が繰り返された。

何かが当たってはまた移動してを繰り返しているように思えた。

「――ドア、開けてみようか」

優子の提案に、奈緒さんは黙って頷いた。

ドアに手を掛けるのは優子、電気のスイッチに手を掛けるのは奈緒さんが担当した。二人でタイミングを合わせて、電気を点けると同時にドアを開いた。

ドアの下には、先程隠し部屋で見た人形が、二体転がっていた。

「この人形、あの部屋から歩いてきたの？　え？　何で？」

混乱した。人形が一人で歩いてこられるはずがない。仕掛けがあるに決まっている。しかし、観察しても考えても、一向にその仕掛けが分からない。

「とりあえず、この人形達は、あの部屋へ戻さないとまずいよね」

仕方なく、二人は隠し部屋に人形を戻すと、部屋へと踵を返した。

二人で一つの布団に入り、また人形が来たらどうしようと話しながら、いつの間にか眠りに落ちていた。


宿泊二日目は、二人を起こすお手伝いさんの声から始まった。

朝食はホテルのモーニングのようだった。昼食もおやつも、全てが高級に感じられ、奈緒さんにとっては別世界のようだった。

しかし、昨晩の人形は何だったのだろう――。

勉強にも集中できない。奈緒さんが、気分転換に庭を見たいと言うと、優子は散歩しようよと案内してくれた。

庭園の奥へと進んでいくと小さな池があり、その先に古びた小さな祠があった。

祠からは、はっきりとした理由は不明だが、何か直感的に嫌な感じを受けた。

違和感といえば、そもそも洋風の庭園の一角に、何故日本の古い祠があるのだろう。訝しんでいると、優子が近寄ってきた。

「やっぱり奈緒も変だと思う？　この祠のことは、今度また話すから。もう行こう」

優子の言葉でその場を後にした。

夕食が済み、お手伝いさんも帰ってから、二人の時間が始まった。

「今夜は何をしようか。昨晩の人形は怖いし、まずは保留かしら――」

そう声を掛けると、優子は少し考え込み、やっぱり人形を調べようよと答えた。

「人形が勝手に一人で歩く訳がないじゃない？　だから何かトリックがあるはず」

それが彼女の言い分だった。

まずは、隠し部屋をもう一度ゆっくり観察しようということになった。

何十体もの西洋人形が並ぶ部屋は、相変わらず不気味だった。しかし、二人でいる心強さも手伝い、二人は思い思いに部屋の中を観察していった。

そのとき、奈緒さんは自分が見られていると感づいた。振り返ると、今までそこにいなかったはずの人形が二十体ほど横並びに整列して、こちらを凝視していた。

「優子！　これ何⁉」

大声を上げると、優子も振り返って悲鳴を上げた。

二人して抱き合うようにその場にしゃがみ込んだ。すると、その悲鳴を契機としたように、人形達がするすると動き出した。

二人を引き離そうとするかのように、間に分け入ってくる。そのとき奈緒さんは、ふと優子の弟妹の人形のことを思い出した。

弟と妹の二体の人形。あれと人形が動くことは関係あるのではないか。これらの人形から見れば、私はこの家の人間ではない。もしかしたら、ここにいてはいけないのでは――。

優子にそう告げると、彼女はとにかく一度出ようと、声を張り上げた。

隠し部屋から逃げるようにして寝室側に移動する。人形達は、じりじりとこちらに向かって移動してくる。

急いで引き戸を閉め、両親の寝室からも出ると、優子の部屋に戻った。

喉がカラカラだった。冷たいジュースを一気に飲み干し、一呼吸ついた。まだ混乱していたが、二人で一連の出来事を整理していく。

まず、どういう理屈か分からないが、人形が勝手に動くことは間違いなさそうだった。

隠し部屋は何のための部屋なのか。詰め込まれた人形には何の意味があるのか。優子の幼少時の記憶と全体の繋がりは何なのか。優子の弟妹の人形にはどんな意味があるのか。

全てはこの家の、何らかの信仰している対象に関係があるのだろう。

あの人形は何なのか――先祖代々養子に出されてきた子供達の人形なのだろうか。

何故、わざわざ兄弟姉妹ができたのに、養子に出して一人っ子にするのか。

考えても解決する問題ではなさそうだった。

疲れ果てていたのだろう。その晩は色々と推理しているうちにいつしか寝てしまった。


宿泊も三日目となった。昼食の後に、優子から庭の祠の話をしてきた。

「奈緒はもう分かっていると思うけど、うちはクリスチャンなんだよね。なのに庭にあるあの古い祠って、ちょっとおかしいと思わない？」

「優子の家はキリスト教でも、元々ここに住んでいた人がいた訳だよね。何かお祀りしなくてはいけない事情があるんだと思う。だからそのまま残してあるんじゃない？」

優子は合点がいった顔を見せた。

「それなら納得。小さいときから、絶対あの祠に近づいては駄目って親からしつこく言われてて、クリスチャンだから日本の神様の所に行っちゃ駄目ってことだったのかな」

奈緒さんは、それは見当違いではないかと思ったが、声には出さなかった。

昨日、庭の祠を眺めているときに感じた嫌な胸騒ぎを思うと、これ以上祠には関わってはいけないと感じていたこともある。もっと言うなら、親友の優子には悪いが、この家に隠された得体の知れないものには、今後余り触れないほうが良いのではないか――奈緒さんは、そう思い始めた。

夕食の後に優子の部屋に戻ると、優子は周囲を見回して、大声を上げた。

「弟と妹の人形が二つともない！」

「隠し部屋にいるのかもよ」

奈緒さんは、自分でも理解できなかったが、間髪を入れずにそう答えた。

すぐに隠し部屋へ足を運んだ。奈緒さんは中へは入らなかったが、優子はすぐに二体の人形を抱えて出てきた。襲われないように、すぐに扉を閉めて、優子の部屋まで走る。

優子は人形を元置かれていた場所に戻しながら、疑問を口にした。

「何故あっちの部屋に置いてあったんだろ。お手伝いさんが持っていったのかな？」

「お手伝いさんも、あの部屋のこと知ってるの？」

「分からないけど――人形が勝手に歩いていって扉開けて、なんてできないよね？」

理屈ではそうなのだが、もう二人とも、自分で動く人形を何度も目撃している。それにお手伝いさんの仕業だとしても、何故あの部屋へ人形を持っていったのだろう。

それから一時間ほど過ぎた頃に、廊下からカサカサという音が聞こえてきた。人形だ。

何が起きるのかと構えていると、また何度もドアを叩く音が始まった。

優子がドアを開けると、そこには二体の人形が立っていた。それは躊躇する様子も見せずに部屋に入ってきた。見る限りでは、何の仕掛けもあるようには見えなかった。

啞然としていると、二体の人形は、優子の弟と妹の人形の手を掴むと、床を引きずりながら優子の部屋から出ていった。

成り行きを見届けるために、人形の少し後ろをついていく。背の低い人形がドアを開け、隠し部屋へと入っていった。優子も部屋の中に入った。奈緒さんは寝室側から覗き込むだけにするつもりだった。

二体の人形は、弟と妹の人形を部屋の中央へ置いた。周りを他の人形達もぞろぞろと囲むように集まってきた。そのとき、突然引き戸が閉まった。二人は離れ離れになってしまった。急いで扉を開けようにも手が震えて開けられない。

焦っていると、突然扉が開き、優子が大声で泣きながらしがみついてきた。

「優子！　大丈夫⁉」

「二人とも死んじゃったの！」

優子は泣き喚き、質問に答えられそうになかった。

隠し部屋を覗き込むと、優子の弟と妹の人形の胸に、ナイフが突き刺さっており、その周囲を他の人形達が取り巻くように覆っていた。すると人形の一体が振り向き、奈緒さんに向かってナイフを掴んで向かってきた。

――やっぱり私はこの家の人ではないから、儀式を見ては駄目だったんだ！

急いで扉を閉めると、まだ泣いている優子の手を引いて、彼女の自室に戻った。

ジュースを飲ませると、優子は少し落ち着いたようだったが、自分のせいで弟と妹が死んでしまったと繰り返した。

「どうして優子のせいなの？　それにあれは人形でしょ。死なないよ！」

奈緒さんは励ますようにそう言ったが、優子は首を激しく横に振った。

「私がやっちゃダメって言われてたことをしたから、弟と妹は本当に死んじゃったの。私には分かるの」

そう言われると、掛ける言葉が見つからない。そのとき、突然電話が鳴った。

優子が電話に出ると、彼女の母親からだった。受話器から響く声で、彼女が酷く叱られていることが分かった。

お手伝いさんが連絡したのだろうかと思いながら、電話が終わるのを待っていると、今度は、突然お手伝いさんが離れから戻ってきた。そしてキッチンで何かを作り始めた。

顔色が真っ白な優子がふらつく足取りで戻ってきた。

「弟と妹が事故で亡くなったって連絡だった。それとあの部屋には、もう入っちゃダメって言われた。奈緒のことは怒ってなくて、お母さん心配してた」

優子の表情は感情の消えた無機質な印象だった。いつもの彼女とはかけ離れている。

暫くすると、お手伝いさんから声を掛けられた。

「子供達に美味しいデザートを出してあげてと、奥様から連絡があったので、プリンアラモードを作りました。片付けは明日しますから、ゆっくり召し上がってくださいね」

そう言い残すと、また離れに戻っていった。

二人で出されたデザートを食べ始めると、徐々に優子の顔色もよくなってきた。

その日はもう、これ以上何事にも触れずに眠ることにした。


宿泊四日目。

昨夜のことがまるで何もなかったかのように振る舞う、優子とお手伝いさんに、奈緒さんは、もう家に帰りたいという気持ちになっていた。一度に処理し切れない内容の出来事が短期間で起きたからだろう。

心も身体も疲れを感じていた。しかし家に帰りたいとも言い出せなかった。

すると、何かを察したのか、お手伝いさんが助け舟を出してくれた。

「今日と明日は、お勉強もピアノのレッスンもしなくて良いですよ」

この二日は本当の夏休みにしてくださいと、奥様が電話で仰っていたとの話だった。

お手伝いさんの話では、二人がやりたいことや、行きたい場所があれば自由にして良いとのことだった。彼女も食事の支度を除いて離れに戻っているという。

降って湧いたような話に、二人で何をしようかと、逆に考え込んでしまった。

奈緒さんは、昨日までの経緯から、優子はもう家の話をしないだろうと思っていた。しかし、食事を終えて部屋に戻ると、彼女は昨夜の母親からの電話の内容を話し始めた。

お母さんは最初からいずれ優子は隠し部屋へ行くだろうと思っていたこと。

まだ詳しいことは話せないが、隠し部屋にある人形は全て養子に出されて、亡くなった人達の魂が込められていること。

弟と妹が亡くなったのは事実だということ。

とにかく、家が滅びてしまうから、両親が帰るまでは約束を守って待っていてほしいということ。

一つ間違えると、奈緒のことも死なせてしまうので、間違いなく約束は守ってほしいと言われたこと。

一つ一つ、含むようにして、優子はぽつぽつと語った。

「奈緒、本当にごめんなさい」

ぽろぽろと涙を流しながら謝る優子に、奈緒さんは、気にすることはないよと答え、優子の手を強く握った。

関わり合った以上、少しでも何とかしたいから、もっと調べようよと優子に言うと、それには彼女も頷いてくれた。

残された時間は二日間だ。この間にできるだけの調査をしよう。

しかし、隠し部屋と人形の一件は、後に両親からも話が聞けるだろうと、ひとまず保留となった。

次に庭にある祠だが、こちらも皆目見当が付かない。知識もないので、過去の持ち主を追い掛けることはできなさそうだった。手詰まりに思えたそのとき、優子が言った。

「昔のことを知っているような、近所の人に訊くのってどうかしら――」

優子のその言葉を切っ掛けに、近所への聞き込みが始まった。

奈緒さんは、夏休みの自由研究で、近所の歴史を調べているのだと説明し、近所のおじさんやおばさんに古い祠について訊いて回った。

一日目は何の収穫もなかったが、二日目に意外な所から情報が入ってきた。それは二人の家の中間辺りで、古くから営業している雑貨店のおばさんが教えてくれた話だった。

昔はその店の一族が、この辺りの殆どの土地を持つ大地主だったそうだ。優子の家がある土地も、おばさんの御先祖のものだったらしい。

そのおばさんの話によると、優子の家の庭にある祠は、その昔、そこに住んでいた三人兄弟の子供が、立て続けに庭の池で溺れて亡くなったという事故が契機になって建てられたのだという。そして、その土地は、子供の祟りか、他の人に渡って以降、住む者が必ず不幸になるのだと、おばさんは脅かすように言った。

一家が全滅しては人手を渡り歩いているという曰く付きの土地なのだ。

つまり、優子の家は、呪われた土地に建っているということだ。

そんな話を優子に告げることはできない。しかし、奈緒さんにとっては、もやもやしていた何かがスッキリする話だと思った。

優子には、祠は前の土地の持ち主が、事故で亡くなった子供達を慰めるために建てたものだったと告げた。


宿泊六日目。この日はまた宿題とピアノのレッスン三昧の一日だった。

今夜が優子の家に泊まる最後の夜だと思うと少し寂しかった。

優子のリクエストで、お手伝いさんが作ってくれたプリンアラモードを食べながら、この一週間に起きた色々な出来事を話しあった。

そして、最後に弟と妹にお別れをしたいという優子の希望で、例の隠し部屋へ行った。隠し部屋から出てきた優子と部屋に戻ると、彼女は思い詰めたような顔をした。

「私、中学校は受験して私立へ行くの。奈緒と一緒に勉強したり遊んだりするのも六年生までなんだ。だけど前にも言ったけど、私は一生で一人だけの親友は奈緒しかいないって思っているから。絶対忘れないでね。私も忘れない。奈緒、友達になってくれてありがとうね。本当に嬉しかった」

「私立かぁ。優子は勉強もできるから仕方ないよね。でも日曜日とか、会える日だってあるんだから、忘れないでねとか、もう最後のお別れみたいな言い方しないでよ。私も優子と友達になれて嬉しかったし、今年の夏休みは最高に楽しかったし、呼んでくれてありがとうね」

　こうして二人で過ごす期間は終わりを告げた。奈緒さんは自宅へ戻り、またいつもの日常が始まった。


それから一週間して、二学期が始まった。だが、始業式の日に優子は学校へ来なかった。奈緒さんは胸騒ぎを覚えた。教室に沈痛な面持ちの担任が入ってきた。

「おはようございます。休み明け早々ですが、悲しいお知らせがあります。優子さんが御家族の方と旅行先で交通事故に遭い、お亡くなりになりました。これから一分間、黙祷《もくとう》をします――」

クラスメイトがざわつく中、奈緒さんの中で、何かが音を立てて崩れていった。

後日、聞いた話によると、夏休み最後に三日間家族旅行へ出掛けて、その旅先で自動車同士の事故に遭い、一家全員即死だったという。

奇《く》しくも最後に話した内容が、本当に最後のお別れの会話になるとは――。

彼女の家で体験した奇妙な出来事が、一体どのような真相だったかは、もはや辿ることのできない謎になってしまった。

「話はここまでです。でも実は、優子が亡くなったと聞いてから一週間ほどした頃に、私宛てに荷物が届いたんです。送り主は優子でした。筆跡も見慣れた優子自身のもの。箱を開けてみると、中には優子にそっくりな洋人形が入っていました――」

その人形の収められた箱には、一緒にメモが入っていたという。

それは優子の直筆で、〈奈緒、ずっと一緒だよ〉と書かれていた。

蛇わずらい

都内の大学に通っていた紀美子から話を聞く機会を得たのは、秋も深まる頃だった。

彼女は所謂〈良いとこのお嬢様〉であったらしい。中高一貫教育の女子校に通い、都内の私立大学に通って半年になる。

「私、もう子供が産めない身体なんです」

体験談を話し出す前に通る声でそう前置きすると、彼女はやけに明るく笑った。


高校三年の冬に、紀美子には英会話の家庭教師が付いていた。

彼の愛称はトニーといった。本名はアンソニー・パウエルという四十代のカナダ人男性で、日本人の女性と結婚して来日した。母親が、同じ年頃の娘を持つ友人から、教え方がうまいと聞いて依頼したのだという。

紀美子の成績は、指定校推薦で志望校に入学できるレベルだった。しかし、将来は国際的に活躍する夢を持ち、大学でも留学を考えているという娘のために、両親は英会話の家庭教師を付けたのだ。

高校三年生の冬休みには推薦入試の結果が出た。入学試験には危なげなく合格した。希望通りだ。少しほっとして、肩の荷が下りた気がした。

これからは大学に入ってから後の生活に焦点を合わせていかなくては。

しかし、その頃から彼女の成績は徐々に下がっていくことになる。

当時、彼女は家庭教師のトニーと恋仲になっていた。

今まで女子校に通っていた六年間、異性との交友関係もなく、恋愛がどのようなものかもよく理解していない彼女に、妻帯者であるトニーのほうから迫ったという。

間もなく二人は関係を持った。英会話の学習のために費やされるべき時間は、不倫の時間へと変わった。

「トニーは、奥さんは不妊で子供がいないって残念がっていました。だから子供が欲しいって何度も言っていたんです」

だが彼は、彼女が大学に入学し、ゴールデンウィークを迎える頃に、肺炎をこじらせて、あっけなくこの世を去ってしまった。

紀美子は、トニーの死の後から大学の授業にも身が入らなくなった。食事も喉を通らない。何処にも出掛けることもできない。ただ悲しくて悲しくてぼろぼろと泣くばかりの生活である。

鬱《うつ》病も疑われた。本人もこれでは駄目だと思ったが、自分の身体も自分の心もコントロールすることはできなかった。

両親も、トニーは確かに良い家庭教師と評していたが、娘がこんなにも落ち込むことになるとは予想できなかったようだった。確かに彼女の祖父母はまだ四人とも健在で、親しい人の死に触れたのは人生で初めてだった。

トニーとの関係は誰にも相談していない。それは秘めておかなくてはならないということは、紀美子にも分かっていた。

生理が遅れていた。それが何を意味しているのかも彼女には分かっていたが、両親や友人に相談することはできなかった。

梅雨入りを迎えた日に、紀美子の元に、一通の封書が届いた。

差出人は秀子・パウエルと書かれていた。トニーの奥さんからである。

内容を確認すると、夫アンソニーのことで伝えたいことがあるので、指定の日時に家まで来てほしいということだった。

この手紙を見て、紀美子は、即座に断ろうかと思ったという。彼と自分は、秀子さんのことを裏切っていたのだ。どの顔をして会えばいいと言うのだろう。

もし、その関係が伝わっていたとしたら――。

彼女は母親に相談した。あわよくば母親からうまく断ってほしいと伝えたかったのだ。

「この話は断ろうかと思ってるんだけど――」

「どうして。きっと彼のお別れ会だと思うから、ちゃんと御挨拶に行ってらっしゃい」

確かに何も知らない母親からすれば、亡くなった恩師とのお別れに生徒が行くのは、礼儀に適ったことなのだ。

しかし、もしも用件が、彼とのお別れでなかったとしたら。

恐ろしかった。しかし紀美子は、パウエル家に向かうことにした。

――大丈夫。私は秀子さんに勝っているのだから。

彼は何度も子供が欲しいと言っていた。だから、お腹に彼の子供がいる私のほうが、本当に彼から愛される資格がある。怖れることなど何もないのだ。

彼女は喪服に身を包み、パウエル家を訪れた。郊外の一軒家で、蔦の絡んだ二階建ての屋敷である。

インターホンを鳴らすと、女性の声で反応があった。紀美子が名乗ると、すぐにドアが開いた。

「紀美子さん、初めまして。秀子です。どうぞお入りください」

紀美子に対して笑顔を見せた秀子さんは、眼鏡を掛けた三十代後半の佳人だった。

「荷物はそちらのソファにでも置いて、こちらに来てくださいますか？」

挨拶もそこそこに、秀子さんは、家の奥へと案内した。

秀子さんの喋り方には独特のアクセントがあった。長い海外生活で付いた癖なのだろう。

暗い廊下を進んでいくと、重い木製の扉がある。

扉の奥は書斎だった。

部屋の奥に広い机があり、その更に奥の壁には、見上げるほどの高さの本棚が据えつけられている。

「どうぞ」

一歩入ると、トニーの体臭がしたように感じられた。

「そちらの椅子に腰掛けて」

秀子さんの指示に従って、オフィスチェアを机から引き出して腰掛けた。

「ここは――」

「トニーの書斎です」

これが彼の自宅で見ていた光景なのか――。

そう思うと、自然と涙が溢れた。

机の上には、彼の使っていたスマートフォンが置かれていた。

秀子さんは、書斎の壁際に置かれていた椅子を引き寄せると、机を挟んだ対面に座った。

「紀美子さん」

秀子さんはスマートフォンに手を伸ばした。

「何か私に言うことあるんじゃない？」

その一言で、部屋の空気が一変した。室温がぐっと下がった。全身に鳥肌が立った。

吐く息が白い——ような気がした。

目の前でにっこりと笑う秀子さんの瞳が縦に細くなった。

——この人は蛇なんだ。

睨まれた者は、ただ震えることしかできない。

「彼のスマホにあなたの写真が入っていたのよ」

秀子さんは、口元に笑みを絶やさず、しかし鋭い視線を紀美子に注ぎながら言った。

「あなたが送った写真もあるみたいだけど、それは別にいいわ。でも問題はこっち。こっちの写真にも見覚えがあるわよね」

スマートフォンの指紋認証を解除し、写真アプリを起動した。

「私ね。彼が息を引き取った直後に、スマートフォンの指紋認証を、彼のまだ温かい指で解除したの。夫婦の間に秘密があってはいけないものね」

彼女は自分の指紋でも認証できるように設定したのだろう。今しがた息を引き取った夫のすぐ横で。医師を呼ぶよりも先に。

「二月十四日に撮られた写真のこと。覚えているかしら」

こんな格好の写真を撮らせるなんて、親はどんな教育をしているのかしらね。

あなたの親に写真を送りつけることだってできるのよ。この写真だけじゃないわ。まだまだ沢山あるわよね。

あなたが咥え込んでいるのは、曲がりなりにもあなたの先生だったんでしょう？

秀子さんがスマートフォンの画面に映し出したのは、紀美子がトニーの下で喘いでいる写真だった。


こういうときにはどう返せばいいのだろう。

謝らないといけない。それは頭では理解している。

自分から誘った訳ではない。トニーのほうから誘ってきたのだ。トニーが自分をそういう女にしたのだ。

でも、この人の夫に抱かれたのは確かだ。

だけど、私は彼のことを今でも愛している。それだけは間違いない――。

「あの――」

紀美子は、秀子さんに向かってうっすらと笑みを浮かべた。

「私のお腹には、彼の子供がいるんですよ」

告げた瞬間に部屋の空気が変わった。ピリピリした空気は帯電でもしているようだ。

そこまで考えて気が付いた。これは秀子さんの怒りが空気を震わせているのだ。

秀子さんの口元から、笑みが消えていた。

「すぐに、堕《お》ろしなさい――」

彼女は何かをこらえるような、強張った表情で告げた。

「できません」

だって、彼は自分の子供を欲しがっていたのだから。

「すぐに、堕ろして！　堕ろしなさいよ！」

そのとき、足元で何かが音を立てた。紀美子が視線をそちらに向けると、本棚に挿さっているハードカバーの本が、何冊も落ちてページを広げていた。

何事かと振り返ると、本が音もなく棚から抜けては落ちていく。

「彼よ。彼は病床で、ずっとあなたのことばかり繰り返していたの。だから、今でもあなたを護ろうとしているの。それが私には悔しくて仕方がない」

本はどさどさと床に落ちていく。その一部が壁でも作るかのように、紀美子の周りに積み上がっていく。

「秀子さんは、トニーのことを愛してるんでしょう？　でも、あなたではダメだった。だって、あなたはトニーとの赤ちゃんを作れなかったんだもの！　あたしが代わりにトニーの赤ちゃんを産んであげる！」

「黙れ！　黙れ黙れ黙れ！　今すぐその子を堕ろせ！　彼の子供を身籠もれなかった私がどれだけ口惜しいと思っているのか！」

叫ぶ秀子さんの額には、角が生えていた。

口が耳まで裂けている。

口元には炎がちらちらと舞っている。

その姿を見た瞬間に、紀美子はこの家にいてはいけないのだと悟った。

秀子さんは、もう人間ではなくなってしまっている。この人は本物の蛇になってしまった！

「もう帰してください！」

紀美子は逃げるようにして、家を後にした。

「この子を産もう。それがトニーのためになる」

紀美子はそう考えたが、だからといって、今後どうすれば良いのかよく分からなかった。ただ部屋に閉じこもり、学校にも行くこともできないでいた。特に眠気が酷く、起きられない日があった。だが、理由はそれだけではない。秀子さんのことだ。家を出れば、いつ彼女に命を狙われるかもしれない。今の彼女の状態ならば、駅のホームで突き落とすくらいのことは平気でやりそうだった。

だが、パウエル家を訪れて一週間ほど経った頃から、夜になると紀美子のベッドの脇に女の影が立つようになった。

——秀子さんだ。

もう色々と諦めるしかないのかもしれない。寝室にまで入り込んでくるのなら、何処に逃げても無駄だろう。それよりもただ眠かった。ただ寝て過ごした。

影は一カ月くらいの間、そうやって立っているだけだった。

妊娠していることは、両親にもまだ打ち明けていない。生理が来なくなって、もうじき四カ月になろうとしていた。

ある晩、酷い腹痛で目を覚ました。だが、身動きが取れない。金縛りというものを初めて体験した紀美子は声を上げようとしたが、その声すら出なかった。

内臓を握られているような痛みに何度も気を失いそうになる。

辛うじて動くのは眼球と目蓋だけだ。

自分の下腹部を確認しようと視線を下げていく。すると、昨晩まではただ立っているだけだった影が、自分の下腹部に手を突っ込んで内臓をかき回していた。

痛む場所は子宮だと理解した。

秀子さんが、子供を流産させようとしているのだ。そう直感して叫び声を上げようとしても声が出ない。

彼女は痛みの続く間、心の中で叫び声を上げ続けた。

「止めて！　止めてください！　子供を連れていかないで！」

彼女は、叫んでいる途中で痛みと絶望とで意識を失った。


翌朝から、不正出血が始まった。結局、トニーとの子供は流れてしまった。

問題は、それ以来生理が止まらないことだ。

理由は秀子さんの生き霊だ。いや、あれが生き霊なのか死霊なのかはどうでもいい。ただ、秀子さんの持つ悪意が、自分を責めているのが理解できた。

黒い影は、夜毎下腹部に腕を突っ込んでくる。その腕には鱗が生えている——蛇だ。

毎晩その激痛に耐えて朝を迎える。そんな生活を半年以上続けた。

その間ずっと生理は止まらなかった。

常に出血がある。

すぐに意識が途切れる。

自分が貧血であるという自覚はあった。爪の色も真っ白だ。とにかく全身から血の気が失われている。

彼女は、とうとう婦人科で検査を受けることに決めた。流産したということは誰にも告げていない。医者にも打ち明けるつもりはなかった。

医者の診断の結果は、子宮内膜症とのことだった。妊娠前まで一切兆候のなかった病名に、彼女は戸惑った。

とにかく出血しすぎていて、全身の血の絶対量が足りていないため、入院して輸血を受ける必要があった。

「もし、この状態が続くなら、命の危機と隣り合わせです」

医者は真剣な表情で諭すような言い方をした。

「個人的には、子供を諦めるのも道だと思います。未来の子供か、現在のあなたの命かという選択肢であれば、僕はあなたの命を取るべきだと思います」

医者からそう説得され、紀美子は子宮を摘出することを決意した。

手術の後、ベッドの横に秀子さんが立った。いつもの影ではないのだなと思いながら見ていると、彼女は小馬鹿にしたような笑顔を見せた。

「あたしの勝ち」

そして秀子さんは、人を蔑むような、冷たい笑顔を見せて笑い続けた。瞳孔は縦に長い蛇のそれだった。

彼女の笑い声が大きくなっていく度に、笑い顔は醜く歪み、先日の角の生えた蛇の顔になっていく。声を上げる度に、顔に鱗模様が現れていく。耳まで裂けた口から、真っ赤な炎が吹き出すように、赤い舌が見え隠れした。

女は、強い憎しみを抱え続けると蛇になる。蛇になる病——蛇わずらいだ。

紀美子は震えながら朝を迎えた。

だがその夜以来、秀子さんの影も現れなくなった。

紀美子が退院してから半月ほどしたとき、以前トニーの家庭教師を受けていた娘を持つという母親の知り合いから、秀子さんの噂を耳に挟んだ。

彼女はカナダに帰るフライトの前日に、トニーの書斎にある大きな本棚の下敷きになって亡くなっていたらしい。

「――だからね。これはトニーの勝ち」

彼女、トニーのことも呪い殺したに決まっているもの。

紀美子はそう言い切ると、嫌な笑顔を見せて笑った。

その笑顔は彼女の話の中に出てくる蛇のそれを思わせるものだった。

あとがき

実害のある本

ここまで一気呵成《かせい》に読み通された方も、何度も躊躇いながらも読み通された方も、まず最初にあとがきをお読みになっている方も、皆様お疲れ様でした。

本書は「実話怪談 怖気草《おぞけぐさ》」「同 寒気草《さむけぐさ》」に続く、〈草シリーズ〉第三弾となります。「死ぬ、消える、終わる」をコンセプトとした実話怪談が中心となって編まれています。

正直なところ、今回の執筆は苦労しました。まえがきにも少し書きましたが、執筆開始直後から膝に痛みが出て、杖をつかねば歩くこともままならない状態が三カ月間続きました。ピーク時は横になっていても激痛。病院に駆け込むも原因不明。捻じ切られるような痛みを抱えながらも仕事をこなすために、痛み止めを飲み続ける日々。

小生には所謂霊能力のようなものがある知人が何人かいるのですが、会うたびに異口同音に「現在執筆中の本に関わる障りである」と言い放つ始末。

そう耳にすれば、思わず快哉を叫ぶってものです。やった、実害の出る本だ!

そんな軽口を叩くと、次は本当に死ぬよと脅されました。確かに冗談では済まされなかったようで、後次々と寄せられる体験者様からの報告の数々に震え上がりました。

眼底出血一名、入院二名。

その後、小生の膝の痛みは執筆を終えた翌日に消えました。前日まで痛み止めを飲み、足を引きずっていたのに、あの激痛はどこへやら。不思議なことはあるものです。

さて、そんな中で令和元年の秋から「車座怪」という活動を始めました。小生が様々な場所に赴き、車座になって怪談を愉しむという会です。今までも都内で怪談会を続けてきましたが、やはり地方には地方の地元怪談があります。そのような話をどうしても聞きたいと思い、年に何度か地方で怪談会を実施することにしました。

令和元年には名古屋、仙台、金沢と廻りました。今年は弘前にも足を運びます。およそ十年掛けて全都道府県で怪談会を開催することを目論んでおります。いつかは皆さんのお住まいの御近所を訪れることもあるかと思います。そのときはどうぞよしなに。

それでは最後の感謝の言葉を。まずは何より体験談を預けて下さった体験者の皆様。取材に協力して下さった皆様。編集の加藤さん。いつも生温かく見守ってくれる家族。そして本書をお手に取っていただいた読者の方々に最大級の感謝を。

皆様くれぐれも御自愛下さい。それではお互い無事でしたら、またどこかで。

二〇二〇年立春　神沼三平太

実話怪談　毒気草

2020年3月6日　初版第1刷発行

著　神沼三平太

装丁　橋元浩明（sowhat.Inc）
発行人　後藤明信
発行所　株式会社　竹書房
〒102-0072　東京都千代田区飯田橋2-7-3
電話 03-3264-1576（代表）
電話 03-3234-6208（編集）
http://www.takeshobo.co.jp
印刷所　中央精版印刷株式会社

定価はカバーに表示しています。
落丁・乱丁本は当社までお問い合わせ下さい。
©Sanpeita Kaminuma 2020 Printed in Japan
ISBN978-4-8019-2184-9 C0193